하나님이 주신
고귀한 선물

자유

자유: 하나님이 주신 고귀한 선물

발행 2020년 4월 10일

지은이 현영갑
발행인 윤상문
디자인 표소영, 박진경, 이보람
발행처 킹덤북스
등록 제2009-29호(2009년 10월 19일)
주소 경기도 용인시 기흥구 동백동 622-2
문의 전화 031-275-0196 팩스 031-275-0296

ISBN 979-11-5886-178-0 (03230)

Copyright ⓒ 2020 현영갑
이 책은 저작권법에 따라 보호받는 저작물이므로 무단전재와 복제를 금지하며,
이 책의 내용의 전부 또는 일부를 이용하려면 반드시 저작권자와 킹덤북스의
서면 동의를 받아야 합니다.

※ 잘못된 책은 구입하신 곳에서 교환하여 드립니다.
※ 책 가격은 표지 뒷면에 있습니다.

킹덤북스(Kingdom Books)는 문서사역을 통해 하나님의 나라를 확장하고,
한국 교회와 세계 교회를 섬기고자 설립된 출판사입니다.

하나님이 주신
고귀한 선물

자유

진리를 알지니
진리가 너희를 자유케 하리라
(요 8:32)

현영갑 지음

킹덤북스
Kingdom Books

목 차

진리를 알지니
진리가 너희를 자유케 하리라
(요 8:32)

머리말 • 6

01 자유를 향한 구속사의 여정 • 11
02 전통과 질서 • 35
03 예루살렘 성전 터 • 49
04 벧엘 신앙을 배워라 • 63
05 하나님을 버리고 세상 왕을 세운 이스라엘 • 79
06 자유 민주주의의 나무는 기독교의 뿌리에서 자란다 • 103
07 하나님이 창조주일 수밖에 없는 이유 • 149
08 하나님의 섭리 • 171

머리말

기독교의 핵심은
자유다

　기독교의 핵심은 자유다. 잃어버린 자유의 회복이다. 그것이 영적 자유이든 육체적 자유이든 예수님이 이 땅에 오신 목적은 자유의 회복이다. 아담과 하와의 타락 이후 인류는 진정한 자유를 잃었다. 성경의 창세기부터 요한계시록의 주제도 자유의 회복이다. 자유는 알파와 오메가의 핵심이다. 예수님은 말씀 그 자체로 오셨고 말씀은 진리다. 성령은 예수의 영이자 진리의 영이다. 그리고 예수님은 진리를 알지니 진리가 너희를 자유케 하리라고 설파하셨다. 그러므로 예수님은 진리의 핵심 곧 자유다.
　노아 홍수 이후 세상에 왕들이 세워지면서 개인이 사라지고 개인이 사라지자 모든 인간은 자의든 타의든 왕의 노예로 전락하고 말았다. 세상 왕은 나라를 만들고 나라의 틀 속에서 권력으로 백성을 노예화시켜 나간다. 권력은 더 큰 권력을 지향하고 최고의 권력은 그 힘이 커질수록 타락의 길로 들어서 권력 앞에 개인은 소멸되고 오로지 노예만 남게 된다. 이 문제를 해결해 주시기 위해서 예수님은 이 땅에 오셨다. 예수님은 하나님의 자유를 허락하셨다.

하나님은 사무엘 선지자에게 왕정 제도를 허락하시면서 이스라엘 백성이 너를 버린 것이 아니라 나를 버렸다고 한탄하셨다. 그렇다면 하나님이 왕으로 다스리시는 나라는 어떤 나라일까? 그런 나라가 이 땅에 존재할 수 있을까? 성경은 "Yes"라고 대답한다. 어떻게 그것이 가능할까?

베드로 사도는 우리를 향해 "너희는 택하신 백성이요 왕 같은 제사장들이요 거룩한 나라요"(벧전 2:9)라고 부른다. 국민 모두가 하나님의 말씀을 통해 왕 같은 제사장의 마음으로 예수(자유)를 회복한 나라, 그런 나라가 하나님이 다스리시는 나라다. 개인이 살아나 국민 개개인이 하나님의 자녀로 나라의 주인인 나라가 곧 하나님이 원하시는 나라다. 이런 하나님의 뜻을 완전히 이 땅에서 누릴 수는 없지만 그래도 인간이 하나님의 역사를 통해 자유 회복을 위해 피를 흘린 경험으로 세우려는 노력이 자유 민주주의라는 정치 제도를 만들었고 이 제도로 하나님이 부여한 인류 보편적 가치관인 개인의 자유와 생명, 평등, 그리고 행복 추구권을 지킬 수 있다는 신념하에 정부를 탄생시킬 수 있었다. 이 정부 시스템이 자유민주주의 전도사 역할을 하는 미국(United States of America)의 정부 설립 목적이다. 신앙의 자유를 찾아 신대륙으로 건너온 청교도들(Puritans)의 후예인 미국의 건국 아버지들(Founding Fathers)은 미국 독립선언문에 이 문구를 넣어 정부 설립 목적을 분명히 하였다.

구한말 왕정 국가인 대한제국의 정치적 혼란 속에 새로운 국가를 만들고자 젊음을 불태운 선각자들 중 한 명인 이승만은 미국을 표본으로 나라를 개혁하고자 노력했지만 뜻을 이루지 못했다. 결국 그는 차디찬 감옥에서 사형 선고를 기다리던 중 예수 그리스도를 만났고 천신만고 끝에 고종의 특사로 미국에 갈 수 있었고 선교사들의 도움으로 미국에서 우리나라 최초로 국제정치학 박사가 되어 40여 년을 미국 내의 정치력과 국제적 외교 감각으로 외교 독립론을 주창하며 대한민국의 독립을 위해 살았다.

그의 예견대로 일본이 미국의 진주만을 폭격하면서 미국은 2차 대전에 참가하여 인류 전쟁 역사상 처음인 원자폭탄을 투하하여 일본의 무조건 항복을 받아내므로 우리는 해방을 맞을 수 있었다. 이승만은 1945년 10월 귀국하여 3년의 해방 공간에서 공산 세력과의 긴박한 대결 정세 속에서도 신념을 잃지 않고 미국의 민주주의를 기반으로 하는 기독입국론으로 자유 대한민국을 건국하였다. 이것이 하나님의 나라인 왕 같은 제사장들이 살 수 있는 자유 민주주의 공화국인 대한민국의 속살이다.

하나님이 이스라엘에 모세와 여호수아를 보내주셨다면 우리나라에는 이승만과 박정희라는 불굴의 영웅들을 보내주셨다. 세계 최빈국의 나라에서 70여 년 만에 세계 역사상 산업화, 민주화, 선진화를 동시에 이룩한 전무후무한 기록을 세운 나라 대한민국일진대 국민이 맘모니즘에 병에 걸려 정신이 해이해져 민주화라는 거짓에 속아 국민의 사명인 상무정신을 잃고 나라를 송두리 채 공산주의 세력에 넘기려는 이 현실 속에서 이승만의 건국정신과 박정희의 부국정신을 다시 일깨워 좌경화되어 가는 나라를 기독교의 본질인 보수의 정신으로 이 나라를 다시 재건국해야 한다.

이런 중차대한 국내외적 환경 속에서 우리 기독교는 무엇을 잘못했는지 그 핵심이 무엇인지를 알아야 하고 이를 바탕으로 정확한 진단과 회개를 통해 기독교의 역할이 무엇인지를 다시 한 번 말씀으로 돌아가는 제2의 종교개혁을 일으켜야 한다.

　교회가 병들면 세상은 썩어간다. 교회 본질의 회복만이 좌경화로 병들어가는 나라를 구할 수 있다. 다시 한 번 교회 사명의 중대함을 일깨우고자 기도하는 심정으로 졸필을 공개하고자 한다. 이 책이 세상에 나올 수 있도록 수고해 주신 많은 지인들께 감사드리며, 기념작으로 만들어 주신 킹덤북스(Kingdom Books) 대표 윤상문 목사님께 감사드린다. 특히 역사의 주인이신 삼위 하나님이 모든 인생의 문제를 해결해 주실 것을 믿고 하나님께 영광과 감사와 존귀를 올려 드린다.

뉴욕의 서재 겸 기도실에서
저자 현영갑

01

자유를 향한 구속사의 여정

하나님이 주신 고귀한 선물
자유

01

자유를 향한 구속사의 여정

기독교의 핵심 가치는 성경에서 말하는 대로 하나님이 인간에게 부여한 자유라는 가치이다.

"진리를 알지니 진리가 너희를 자유케 하리라."(요 8:32)

그리스도인이 원하는 최종 목표가 구원이다(벧전 1:9). 이 구원이란 사탄과 세상 죄의 속박에서 벗어난 해방 곧 자유다. 자유가 없는 세상은 지옥이다. 기독교의 중요한 가치인 믿음, 소망, 사랑 역시 자유라는 가치 속에 있는 실천 개념이다. 자유가 없는 사랑은 강제적 사랑이 된다. 자유가 없는 믿음은 누군가에 강제된 믿음 곧 종속적이거나 수동적 믿음이 되고 만다. 소망은 자유에 대한 소망이기에 예수님이 말씀하시는 자유를 얻게 되면 소망을 이룬 것이다. 이것이 하나님의 은혜의 해(눅 4:19)를 기다리는 이유다.

먼저 자유라는 단어의 의미를 되새겨야 한다. 자유는 하나님이 부여하신 인류 보편적 문명의 가치이다. 그러므로 인간은 그 누구의 자유도 함부로 할 수 없다. 이것이 하늘이 부여한 천부인권 사상이다.

영어에서 자유를 의미하는 단어가 두 개 있다. 하나는 Liberty라는 단어이고 다른 하나는 Freedom이라는 단어이다. 보통 언어가 널리 통용되지 못했던 시대에 남유럽에서는 자유라는 단어의 뜻을 표현할 때 Liberty라는 단어를 사용했고 북유럽에서는 Freedom이라는 단어를 사용하였다. 리버티의 자유는 사람과 사람과의 관계에서 오는 자유 또는 물질적 관계, 사회적 관계에서의 속박을 벗어난 것을 의미했다. 예를 들면 노예 문제, 재정적 채무관계, 사회적 신분으로부터 오는 관계의 자유를 의미한다.

그러나 북유럽에서 사용하는 프리덤(Freedom)의 자유는 좀 더 포괄적이고 더 깊은 의미가 있다. Freedom의 원래 의미는 사랑과 우정을 뜻하는 단어로 어머니가 있는 곳으로 돌아간다는 의미다. 좀 더 구체적으로 말하면 조물주가 인간에게 부여한 원초적 자유로서 인간 그 누구도 하늘이 부여한 자유의 개념을 속박할 수 없다는 의미를 갖는다.

이 자유에 대한 두 개념이 신대륙이 열리자 미국으로 들어왔고 노예 제도로 첨예하게 대립된 남북 전쟁으로 충돌하게 된다. 북군은 흑인에게 하나님이 부여한 자유를 주어야 한다는 노예 해방을 주장했고 남군은 노예 제도를 찬성함으로 리버티의 자유를 주장하였다. 결국 북군이 승리함으로 미국은 프리덤의 자유의 나라가 되었다. 미국 독립 100주년을 기념해 미국의 독립을 도와주었던 프랑스가 자유를 상징하는 조각품을 선물하여 미국의 관문인 뉴욕항의 입구에 세웠는데, 이것이 현재의 자유의 여신상(Stature of Liberty)이다. 이때까지도 남부 유럽에 속해 있는 프랑스는 자유를 리버티로 쓰고 있었던 것이다. 하긴 국가 간의 관계도 리버티의 자유에 속한다.

성경에는 프리덤의 자유의 의미를 내포하고 있는 귀중한 책이 있다. 바로 신약 빌레몬서다. 빌레몬서는 사도 바울이 골로새 지방을 전도할 때 그 지방의 유력자인 빌레몬의 집에서 말씀을 가르치게 되었을 때 되어진 일을 기록한 것이다. 사람들이 모여 하나님의 말씀을 배울 때 그 집안의 노예로 오네시모라는 사람이 있었다. 심부름으로 오가면서 듣게 된 사도 바울의 말씀 속에 예수 그리스도를 알게 된 오네시모는 사도 바울이 로마로 떠나자 빌레몬의 집에서 돈을 훔쳐 달아난다. 그리고 그가 바로 사도 바울이 있던 로마로 간 것이다. 그곳에서 사도 바울의 가르침을 받은 오네시모는 스승인 바울의 요청을 받고 그가 써준 편지를 하나 들고 빌레몬의 집으로 돌아가게 된다. 그 편지가 바로 빌레몬서다. 그런데 바울이 오네시모에게 준 편지에 어떤 내용이 들어 있는지 오네시모는 알지 못하고 사도 바울의 명령에 따라 그 편지를 빌레몬에게 전하기 위하여 옛 주인 빌레몬의 집으로 돌아오게 되는 것이다. 과연 이것이 일반인에게 가능한 일일까? 오네시모는 주인의 집에서 도망쳐 나온 노예로 주인에게 잡히면 팔리든지 죽음에 처해질 수 있는 운명이다. 더군다나 돈까지 훔쳐 달아난 자가 아닌가? 그 편지에 바울이 빌레몬에게 오네시모를 꼬셔서 돌려보내니 이놈을 잡아 버르장 머리를 고치든지 팔다리를 묶어 놓든지 아니면 팔아서 잃어버린 돈을 보상받으라고 써있을 지도 모른다. 오네시모가 깨달은 하나님의 말씀이 무엇이길래 아무런 안전장치 없이 편지 한 장 달랑 들고 옛 주인의 집으로 되돌아갈 수 있는 것일까? 오네시모는 진리의 말씀을 통해 기독교의 핵심 가치인 바로 Freedom의 자유를 얻은 것이다.

사도 바울은 고린도전서 7장 21-24에 프리덤의 자유를 알려주고 있다.

"네가 종으로 있을 때에 부르심을 받았느냐 염려하지 말라 그러나 자유할 수 있거든 차라리 사용하라."(고전 7:21)

오네시모 속에서 살아난 자유, 그것은 곧 하나님이 부여한 천부적 자유 곧 Freedom의 자유였던 것이다. 그것이 아니고는 빌레몬과 오네시모의 관계를 설명할 수 없다. 이 자유를 찾은 오네시모는 후에 에베소 교회의 감독으로 거듭난다.

이 Freedom의 자유를 설명하려면 한 단계 높은 차원의 말씀으로 들어가야 한다. 창세기 1:1의 말씀에서다.

시간과 공간의 주인이신 하나님

"태초에 하나님이 천지를 창조하시니라."(창 1:1)

하나님의 말씀은 의미 체계로 되어 있다. 분문의 말씀 속에 담겨 있는 하나님의 뜻을 해석하여 교훈을 얻는 것이 성경 공부요, 강단에서 전해지는 설교 말씀이다. 모든 성경 말씀은 그 단어 자체에 의미를 지니고 있다. 예수님은 그것을 비유로 말씀하셨다. 예를 들면 열매 맺지 못한 무화과나무가 시들어 죽은 사건을 통해 성도는 때를 따라 열매 맺는 삶을 살라는 교훈을 얻게 되는 것과 같은 이치다.

창세기 1:1의 말씀 속에서도 중요한 의미를 담고 있는 단어가 있다. 이것을 찾아 해석을 할 때 하나님의 마음과 뜻을 정확하게 전달할 수 있게 된다. 여기에 중요한 4단어가 나오는데 주어가 하나님이고 하나님의 하시는 일인 창조 행위가 이 문장의 동사로 나온다. 그리고 그의 행위의 목적이 곧 목적어인 천지를 지으셨다는 것이다. 이 행위의 시점을 알리는데 바로 하나님이 천지 창조의 행동하시는 시점을 태초라는 시간의 개념으로 표현하고 있다. 여기서 주어와 동사의 해석은 차치하고라도 하나님은 태초라는 시간의 개념과 천지라는 공간의 개념을 통해 시간과 공간의 창조를 통해 시간과 공간의 주인이심을 우리에게 알려 주신다.

시간과 공간의 개념은 곧 우리가 살고 있는 3차원의 세계를 의미한다. 하나님이 부여하신 이 시간과 공간 안에서 사는 모든 피조물은 시공의 제한을 받게 된다. 곧 하나님은 시간과 공간마저도 다스리시는 진정한 창조주라는 사실을 알게 한다. 그래서 인간은 시간과 공간을 뛰어 넘을 수 없는 불완전하고 제한된 존재다. 곧 3차원의 세계를 넘을 수 없는 유한한 존재라는 말이 된다. 모든 피조물은 죽음을 통하지 않고는 3차원의 세계를 벗어날 수 없다. 이 3차원의 세계를 초월하는 존재는 곧 4차원의 세계의 존재, 무한자다. "하나님은 영이시니"라는 말씀은 하나님은 4차원의 존재라는 말이다. 영의 세계는 4차원의 세계다.

하나님이 만드신 시간과 공간에 사는 피조물의 3차원의 세계에 하나님은 영적 세계를 만드시기 위해 아담과 하와를 지으셨다. 문제는 인류의 조상 아담과 하와가 범죄함으로 3차원의 영적 세계에 죽음이 도래하였다.

"욕심이 잉태한즉 죄를 낳고 죄가 장성한즉 사망을 낳느니라."(약 1:15)

범죄한 인간은 죽음이라는 벌을 받게 되고 죽기 전에는 시간과 공간이라는 굴레를 벗어날 수 없게 되었다. 모든 피조물은 피조물의 대표인 인간이 범죄함으로 덩달아 3차원의 세상에서 죽음을 맞이해야 하는 신세로 전락하게 된 것이다.

"피조물이 다 이제까지 함께 탄식하며 함께 고통하는 것을 우리가 아나니."(롬 8:22)

죽음이라는 한계가 이 피조물의 세계에 들어옴으로 모든 피조물은 죽음을 통과하지 않고는 3차원의 세계를 벗어날 수 없다. 그러나 하나님은 3차원의 인간과 교제하시기 위하여 그의 신(영)을 보내시어 인간과 교통하게 하셨다. 하나님은 구약 시대까지는 하나님의 신을 통해 인간과 교제하셨고 그를 보기 원하는 인간에게 당신의 본체이신 예수 그리스도를 보내셨고 예수님은 하나님의 아들의 신분으로 하나님을 증거하셨고 우리의 죄를 대속하시어 십자가에 달려 죽으셨다. 하나님은 예수님이 승천하신 후 예수의 영인 성령을 통해 역사하신다. 그러므로 3차원에 사는 피조물이 4차원에 계시는 하나님을 알기 위해서는 성령을 통하지 않고는 그를 알 수 없다. 성령은 3차원과 4차원을 연결하는 통로다. 거기는 영의 세계, 4차원의 세계이고 하나님은 영이시다.

이러한 신앙의 메카니즘이 우리 속에 살아 역사하신다. 아담 이후 죄로 말미암아 하나님과의 교제가 끊긴 인간이 하나님을 만나기 위해서는 제사로 그의 죄를 덮지 않고는 불가능하다. 그러나 언제까지 그 때마다 죄를 덮고만 살 것인가? 이 죄를 완전히 없애 주시는 방법이 그의 독생자 예수 그리스도를 보내셔서 이 땅의 모든 죄인 대신 십자가에 달려 죽게 하시는 길밖에 없었다. 그의 보혈로 죄를 씻은 사람은 하나님과 영적 교제를 나눌 수 있게 하셨다. 그리고 예수님의 동정녀 탄생과 죽으심과 부활과 승천, 재림을 믿는 자에게 오순절 마가 다락방에 임하신 성령이 하나님과 영적 교제를 나눌 수 있게 하셨다. 이 하나님의 뜻과 생각을 아는 것이 곧 영생이다.

"영생은 곧 유일하신 참 하나님과 그의 보내신 자 예수 그리스도를 아는 것이니이다."(요 17:3)

3차원에 사는 피조물이라도 예수 그리스도를 통해 4차원의 영생을 맛볼 수 있다. 성령으로 충만한 사람은 이 영생의 맛을 아는 사람이다. 시간과 공간의 주인이 하나님이시라는 사실을 알게 되며 시간과 공간 속에서 일어나는 모든 것도 다 그 주인은 시간과 공간을 만드신 하나님의 것임을 알기에 "주신 분도 하나님이요 거두시는 분도 하나님이라"고 고백할 수 있는 것이다.

이 시간과 공간을 초월할 수 있는 사람은 진정한 자유인이다. 모든 물질에 얽매이지 않고 시간의 주인이신 하나님 앞에 시간을 아낄 줄 아는 사람만이 진정한 자유를 누릴 수 있는 사람이다. 사도 바울은 이 자유를 알았기에 곤함에 처해도 원망하거나 불평하지 않고 부함에 처해도 교만하지 않고 약한 것들과 궁핍과 곤란도 기뻐할 수 있었던 것이다. 바로 예수 그리스도를 위한 것이기 때문이다(고후 12:10).

하나님이 주시는 진정한 자유, 이것은 하나님의 뜻인 진리를 알

때 깨닫게 된다. 사도 바울이 그랬고 오네시모가 그 자유를 알았기에 편지 한 장 달랑 들고 사지일지도 모르는 옛 주인 빌레몬의 집으로 발걸음을 옮길 수 있었던 것이다.

이 자유의 개념을 한국 사회에 아니 동양에 최초로 전한 분이 이승만 초대 대통령이다. 그는 1943년 미국 국무성이 운영하는 V.O.A를 통해 일제 탄압에 고통 받고 있는 한국 백성에게 독립에 관한 기쁜 소식을 전하면서 이렇게 말했다.

"이 소식을 들으시고 전하시요. 이 소식은 생명의 소식이요 자유의 소식입니다."

이승만은 기독교를 통해 진정한 자유가 무엇인지 알았기에 대한민국의 독립의 소식을 생명과 자유의 소식이라고 전하고 있는 것이다. 자유가 없는 생명은 곧 죽은 목숨이다. 1773년 미 의회에서 호소한 Patrick Henry의 "자유가 아니면 죽음을 달라"는 외침이 무엇을 의미하는 것인가? 그러기에 대한민국의 독립은 자유로운 생명이 살아나는 독립이 되어야 하기에 자유의 소식, 생명의 소식이라고 말하는 것이다. 그는 예수님이 이 땅에 오신 목적을 정확히 아셨던 분이다.

"주의 성령이 내게 임하셨으니 이는 가난한 자에게 복음을 전하게 하시려고 내게 기름을 부으시고 나를 보내사 포로된 자에게 자유를, 눈 먼 자에게 다시 보게 함을 전파하며, 눌린 자를 자유케 하고."(눅 4:18)

이승만은 이 자유가 무엇을 의미하는 것인지 알았기에 죽음을 앞둔 느보 산의 모세가 이스라엘을 위해 기도했던 것처럼 우리 대한민국 국민을 위해 성경의 말씀으로 유언하신 분이다.

"그리스도께서 우리로 자유케하려고 자유를 주셨으니 그러므로 굳세게 서서 다시는 종의 멍에를 메지 말라."(갈 5:1)

자유인이 되기 위해서는 하나님의 뜻을 알아야 하고 그것을 깨달은 사람은 먼저 자기 자신이 하나님과 인격적으로 일대일로 설 수 있는 독립된 자세를 가져야 한다. 독립되지 않은 자가 자유인이 될 수는 없다. 독립은 스스로를 책임지는 자세다. 하나님 외에 다른 그 무엇에도 얽매이지 않은 개인, 스스로 독립된 자로 하나님과 만날 수 있는 자만이 진정한 자유자가 될 수 있다.

성경은 이런 스스로를 책임질 수 있는 독립된 자세로 선 사람이 하나님을 인격적으로 만나는 체험을 통해 자유인으로 거듭난 역사를 기술한 이야기이다. 이런 사람에게 하나님은 시대적 소명을 맡기신다. 아브라함이 독립된 개인의 자세로 설 때 아브람에서 아브라함이라는 이름을 얻었고, 야곱은 벧엘에서 하나님을 만났을 때 이렇게 고백한다.

"나로 평안히 아비의 집으로 돌아오게 하시오면 여호와께서는 나의 하나님이 되실 것이요."(창 28:21)

이는 지금까지 어머니인 리브가의 치마폭에 쌓여 수동적 믿음 생활을 하던 야곱이 이제는 스스로 자신을 책임질 수 있는 독립된 개인으로 하나님과 인격적 관계를 맺겠다는 고백의 선언인 것이다.

이뿐 만이 아니다. 우리가 매일 고백하는 신앙 고백 사도신경에도 "전능하사 천지를 만드신 하나님 아버지를 내가 믿사오며"라고 개인 고백을 하게 했다. 그리고 이사야의 고백을 자신의 고백으로 만든 마틴 루터의 양심의 고백을 보라. 1517년 비텐베르그 성당 앞에 95개 조항의 반박문을 발표한 이후 1521년 독일 중부의 보름스란 조그마한 도시에 있는 의회에서 사형 선고를 받은 그의 고백이 전 세계 역사의 흐름을 바꾸는 대전환이 될 줄 누가 알았는가? 지금도 이 건물 입구에 있는 비석에는 종교 개혁가 마틴 루터의 고백이 쓰여져 있다. "내가 여기에 서 있습니다". 호렙 산에서 하나님을 만난 모세의 고백도, 사도 바울의 고백도 모두 공통점이 "우리가 여기 있습니다"가 아니다. 죽음 앞에서도 자신을 책임질 수 있는 독립된 개인으로 하나님 앞에 서서 "내가 여기 있습니다."라는 담대한 고백의 모습이 어떤 교훈을 우리에게 전해주고 있는가?

하나님은 군중 속에 숨은 대중을 중요시하지 않는다. 철저히 스스로를 책임질 수 있는 독립된 개인의 고백을 들으시며 그런 자유인에게 당신의 사명을 맡기신다.

이승만 초대 대통령은 한성 감옥에서 하나님을 만났고 이 소명을 깨닫고는 감옥에 선교사들이 넣어준 책들을 모아 감옥 도서실을 만들고 당시 40여 명의 동료 죄수와 간수에게 복음을 전해 하나님께 돌아오게 했고 나중에 이들 대부분은 민족의 지도자로 거듭나는 역사를 만들게 되었다. 그리고 대한민국 국민이 나가야 할 길인 『독립정신』이라는 불후의 명저를 남기게 된다.

독립된 개인이 아닌 군중은 백성이라는 틀 속에서 자유로운 시민이나 국민이 될 수 없다. 이런 백성은 전체주의나 독재 국가의 밥이 되고 만다. 제정 러시아에서 볼세비키 공산 혁명이 일어날 수 있었던 환경도 자유로운 시민이 없는 백성의 나라에서 그 틀을 벗어날 수 없었기 때문이었고, 중국의 공산화나 문화 혁명, 북한의 주체사상 독재 정권의 탄생도, 캄보디아의 킬링필드, 아프리카 후진국에 독재 국가가 들어설 수 있었던 환경도 모두 독립된 자유 시민의식으로 무장된 국민이 없었기에 가능했던 것이다.

일제로부터 해방된 1945-48년 해방 공간에서 대한민국이 공산주의 국가로 가지 않고 자유 민주주의 나라로 건국할 수 있었던 까닭이 있다. 당시 동아일보의 여론조사에 의하면 국민의 80%가 공산주의로 가자고 했지만 깨어 있던 한 지도자 이승만의 자유정신 덕분에 1948년 8월 15일 자유 민주주의 공화국 대한민국이 건국할 수 있었던 역사적 사실 앞에 우리는 머리 숙여 깊이 감사해야 한다.

이승만은 한성 감옥에서 옥중서신 같은 "독립정신"을 집필했고 성경이 말하는 자유의 정신을 기본으로 기독입국론의 기치하에 나라를 세웠다. 그 바탕 위에 대한민국이 건국하게 되었던 것이다. 이승만은 기독입국론을 세우면서 이렇게 기도했다. "대한민국에 100만인의 기독교인을 주시옵소서!" 그가 이렇게 기도할 때 대한민국의 기독교 인구가 30여 만 명이었지만 13년 후 그가 하야할 당시 대한민국의 기독교 인구가 110만여 명이 되었다는 사실은 하나님이 그의 간절한 기도를 들어주셨다는 증거이다.

신령과 진정이 있는 예배

인류 최초의 추수감사절 예배가 있었다. 아담과 하와, 그리고 장남 가인과 차남 아벨이 함께 드린 예배다. 이것의 강조점은 인류 최초의 감사절 예배가 가인은 농작지에서 첫 열매로, 그리고 아벨은 목축지에서 짐승을 예물로 드린 독립적인 예배가 아니라 오늘날의 추수감사 예배와 같이 부모님과 형제가 함께 드린 가족 예배라는 것이다.

이 때 가인은 자신의 예물로 땅의 첫 소산을 드렸고 아벨은 양의 첫 새끼와 그 기름으로 예물을 드렸다. 현재의 예배와 마찬가지로 예배 시 각각의 헌금을 드리듯이 예물을 드렸다는 것이다. 그런데 하나님은 아벨의 예물은 열납하셨지만 가인의 예물은 열납하시지 않으셨다. 여기에 문제가 있는 것이다. 가인과 아벨은 첫 추수감사절이기에 정성껏 예물을 드렸을 것이다. 그런데 왜 하나님은 가인의 예물은 열납하지 않으셨을까?

그 해답은 예배는 하나님이 원하시는 예배를 드려야 한다는 것이다. 성경이 강조하고 싶은 것은 이 예배가 인류 최초의 예배의 모범이라는 것이다. 예배는 하나님이 원하시는 방법으로 하나님께 드리는 인간의 정성이다. 그리고 구약 당시의 제사는 죄인인 인간이 하나님과 교제할 수 있는 유일한 길이었다. 왜냐하면 제사로 인간의 죄가 가려져 의인이신 하나님을 만날 수 있었기 때문이다. 아담과 하와가 범죄 후 눈이 밝아져 자신들의 벗은 모습을 보고 부끄러워 나뭇잎으로 옷을 해 입어 그 부끄러움을 가렸는데 이는 곧 말라 부서지고 만다. 이에 하나님이 이들의 부끄러움을 가려주시기 위해 짐승을 잡아 그 가죽을 벗겨 옷을 해 입힘으로 인간은 그 죄를 가릴 수 있었다. 이때 가죽을 얻기 위해서는 반드시 짐승의 피를 흘려야 했다. 피는 곧 생명의 상징이다.

"육체의 생명은 피에 있느니라. 내가 이 피를 너희에게 주어 단에 뿌려 너희의 생명을 위하여 속하게 하였나니 생명에 피가 있으므로 피가 죄를 속하느니라."(레17:11)

물론 가인이 드린 땅의 소출 또한 중요하다. 그러나 예배는 하나님께 드리는 것이지 인간이 편의를 위해 드리는 것이 아니다. 이때 하나님이 원하시는 제사는 피의 제사임을 성경은 강조하고 싶은 것이다.

"율법을 좇아 거의 모든 물건이 피로써 정결케 되나니 피 흘림이 없은즉 사함이 없느니라."(히 9:22)

현재 우리가 드리는 예배는 형식이 내용을 지배해서도 안 되지만 내용이 형식을 지배해서도 안 된다. 예배의 형식은 하나님이 주신 전통이지만 예배의 내용은 우리의 정성이다. 예배라는 형식의 그릇에 우리의 정성인 내용이 담기는 것이다. 지금은 예수 그리스도께서 드린 십자가의 제사로 피로만 드리는 예물이 아니라 각자가 마련한 정성으로 드리지만 그 예배의 의미가 왜곡되면 안 된다. 그리고 예배에 참석하는 예배자는 각자가 예배를 드리는 개체다. 예배자 각자가 각각이 준비한 그릇에 담겨야 한다. 모두 모여 드린 군중의 예배를 드렸다고, 나도 거기 한 일원으로 끼어 있었기에 나의 모든 죄가 사해졌다고 착각해서는 안 된다. 한 교회의 예배는 형식이라는 그릇이다. 그 그릇에 내가 담겨야 한다. 예배의 주체가 내가 되어야지 목사가 되어서도, 옆에 있는 가족이 되어서도 안 된다. 예배의 예배자는 나 자신이다. 목사는 그릇을 마련한 형식자다. 목사가 마련한 그릇에 나를 담아야 한다. 그러기에 예배의 주체는 목사가 아니라 나 자신이다.

이런 예배자를 하나님은 찾고 찾으신다.

"아버지께 참으로 예배하는 자들은 신령과 진정으로 예배할 때가 오나니 곧 이 때라 아버지께서는 이렇게 자기에게 예배하는 자를 찾으시느니라. 하나님은 영이시니 예배하는 자가 신령과 진정으로 예배할지니라."(요 4:23-24)

가인과 아벨이 드린 예배는 각자가 드린 예배가 아니다. 함께 드린 예배지만 아벨의 예배는 열납되었지만 가인의 예배는 열납되지 못했다. 가인의 예물은 하나님께서 찾으시는 예배가 아니기 때문이다. 현재 우리가 드리는 예배도 마찬가지다. 한 교회의 이름으로 주일 예배를 드리지만 그 예배 자체를 하나님께서 열납하시는 것이 아니라 그 예배에 참예한 각각의 예배를 하나님은 열납하신다. 하나님은 각 개인의 신앙을 중요시하시지, 군중 속에 숨어있는 신앙은 인정하시지 않는다. 다른 말로 하면, 개인이 살아나는 예배, 한 개인이 하나님과 일대일 인격적 만남을 하나님은 좋아하신다. 예배는 우리 교회의 예배가 아니라 나 자신의 예배다. 그것이 신령과 진정으로 드리는 예배다.

한마디 덧붙이자면 현대인의 성경에서 '신령과 진정'을 '진리'로 드리는 예배로 바꿨는데 예배 자체가 진리인데 또 무슨 진리로 드리는가? 성경의 말씀을 자꾸 바꾸면 하나님의 뜻이 왜곡될 가능성이 높다. 왜 우리가 킹 제임스 버전의 성경을 중요시하는가? 최초의 영어 번역판이기 때문이다.

자유를 향한 복음의 길

자유를 향해 전진해 나가는 복음의 길은 결코 순탄하지 않다. 예수님의 십자가 길이(Via Dolorosa) 눈물 없이 갈 수 없는 고난의 길인 것같이 자유를 얻는 길이 천로역정과 같은 길이다. 자유는 결코 공짜가 아니다. 자유를 얻기 위해 흘린 선진들의 피 값 위에 우리가 서 있는 현재가 있는 것이다.

세상 권세를 잡은 사탄은 쉽게 복음의 길을 허락하지 않는다. 예수님이 이 세상에 오셔서 온 인류의 죄를 위해 십자가의 길을 걸으시고 승리하셨다.(Already) 그러나 복음이 쉽게 전진하지 못하도록 사탄은 지금도 복음 확장의 길을 가로 막고 있다. (Not Yet)

성경 요한계시록은 복음이 어떻게 승리해 나가는지를 가르쳐준다. 사도 요한이 하늘 나라에 불려 올라가 되어진 일들과 현재의 일들과 장차 되어질 일들을 계시로 받았다. 그가 천국에 올라가 인으로 봉인된 두루마리를 보고 그것의 인을 뗄 수 없어 울고 있을 때 어린 양이 나와 그 인을 떼어 준다(계 6장).

어린 양이 일곱 개 인 중 첫 번째 인을 떼었을 때

"흰 말이 있는데 그 탄 자가 활을 가졌고 면류관을 받고 나가서 이기고 또 이기려 하더라."(계 6:2)

고 기록되어 있다. 여기서 흰 말은 승리를 의미하는데 승리한 말이 백마이다. 로마 시대 백마는 승리한 장수가 타는 말이다. 백마는 승리를 상징하는 말이다. 여기서 승리는 예수님의 십자가 승리를 의미한다. 십자가의 승리는 이미 우리에게 임했는데 이제 승리한 예수 그리스도의 복음을 책임진 성도들이 승리해야 할 차례다. 이것이 우리에게 맡겨진 책임이요 사명이다.

그런데 흰 말을 탄 자가 활을 가졌고 면류관을 받았다. 이 역시

활은 앞으로 전진을 말한다. 활은 뒤로 오지 않는다. 앞으로 전진만 있을 뿐이다. 출애굽한 이스라엘이 가나안을 향해 나가야지 이집트로 되돌아서면 안 된다. 복음은 앞으로 전진해 나간다. 복음은 세상에서 뒤로 물러설 수 없다. 그리고 면류관을 받았다는 것은 이미 복음은 승리의 면류관이라는 의미다.

그러나 복음이 "나가서 이기고 또 이기려 하더라"고 기록하고 있다. 여기서 나가서 이기고 또 이기려는 것은 앞의 예수 그리스도가 이겨 승리한 십자가이고 또 이기려는 것은 이제 성도가 이겨야 할 승리다. 그러나 예수님의 십자가의 길이 힘난했던 것처럼 성도가 나가야 할 복음의 길도 결코 평탄치 않음을 예시해 준다. 그러나 예수님이 승리의 면류관을 받은 것 같이 성도가 가는 복음의 길도 힘들고 어려운 길이지만 반드시 승리한다는 사실을 믿고 현재의 삶이 어렵더라도 실망하거나 좌절하지 말고 일어나 앞으로 나가야 한다.

두 번째, 세 번째 인에 이어 네 번째 인이 떼어질 때 보여지는 말들은 복음이 나가는 데 있어서 시대에 따라 나타나는 방해 세력 곧 적그리스도를 의미한다.

먼저 두 번째 말은 붉은 색 말이다. 붉은 색은 왕을 상징한다. 고대의 왕들은 주로 붉은 색 옷을 입었다.

"그 탄 자가 허락을 받아 땅에서 화평을 제하여 버리며 서로 죽이게 하고 또 큰 칼을 받았더라."(계 6:4)

허락을 받았다는 뜻은 사무엘 선지자 때에 하나님이 이스라엘 백성에게 왕정 제도를 허락했음을 의미한다. 왕은 모든 백성을 노예처럼 여긴다. 사무엘이 왕정 제도를 허락할 때 이스라엘 백성에게 분명히 물었다. 왕의 노예가 되어도 좋으냐고? 그때 이스라엘 백성들은 분명히 말했다. "그래도 왕을 주시옵소서." 세상 왕이 세워진 이후 백성들에게는 평화가 없다. 다시 왕의 노예가 되었기 때문이다. 화평이 제하여진 이유다. 왕들은 왕좌에 오르기 위해 서로를 죽이는 동족상잔의 끔찍한 피 튀기는 칼의 쟁탈전을 벌였다. 또한 앗수르, 메데, 바사, 바벨론, 그리스, 로마 제국까지 모든 왕들은 복음의 전진을 방해한 세력이었다. 왕들의 쟁탈전 싸움에 죽어나는 것은 백성들이다.

세 번째 인이 떼어지자 검은 말이 나오는데 그 탄 자가 손에 저울을 가졌더라. 그리고 네 생물 사이에서 나는 소리가 "한 데나리온에 밀 한 되요 한 데나리온에 보리 석되로다. 또 감람유와 포도주는 해치 말라 하더라."고 말한다.

여기서 검은 말은 전체주의의 상징인 로마 교황이다. 로마 가톨릭의 중세 시대를 기독교사에서는 암흑의 시대라고 칭한다. 하나님은 이스라엘에게 왕정 제도를 허락하시면서 왕권과 제사장권의 권력의 분리와 견제를 분명히 했다. 사울이 폐위 당한 이유는 하나님이 분리한 제사장권을 함부로 여겨 자신이 직접 제사를 집전했기 때문이다. 반면에 다윗은 제사장권을 강화하여 제사장과 선지자의 견제를 흔쾌히 받아들였다. 하나님의 뜻이 이러한 데도 로마 가톨릭은 하나님의 뜻을 어겨 교황이 모든 권력을 휘두르면서 절대 타락의 길로 들어서고 말았다. 그리고 자신들의 권력을 저울삼아 단죄와 정죄를 일삼아 5천만 명이 넘는 사람을 인류 역사상 가장 끔찍하고 잔인하게 마녀사냥식으로 죽였다. 그것이 그의 손에 저울을 가졌다는 뜻이다. 로마 가톨릭은 자신들의 믿음의 저울 기준대로 백성을 다스렸다. 그들은 겨우 한 데나리온 만큼의 성경적 믿음을 가진 자들이다. 알량한 믿음으로 다른 사람의 믿음을 측정하는 꼴이다. 감람유와 포도주는 진정한 믿음의 백성, 복음을 생명으로 지킨 믿음의 성도들을 의미한다. 그들은 건드리지 말하는 것이다. 복음의 감람유와 포도주 같은 유용한 성도는 해하지 말라는 뜻이다. 그루터기 신앙을 남겨 놓으라는 하나님의 명령이다.

네 번째 봉인이 떼어지자 "청황색 말이 나오는데 그 탄 자의 이름은 사망이니 음부가 그 뒤를 따르더라 저희가 땅 사분의 일의 권세를 얻어 검과 흉년과 사망과 땅의 짐승으로써 죽이더라"고 말한다.

청황색은 두 가지 색깔이 섞여 있는 색이다. 무엇이 섞여 있는 걸까? 붉은 색과 검은 색이 섞여 있는 듯하다. 즉 왕정 제도인 독재주의와 로만 가톨릭의 전체주의가 믹스된 공산주의 독재 체제다. 공산주의는 인류 최악의 이단 세력이다. 공산주의 세계는 사망과 그 뒤를 이어 지옥과 같은 음부의 세계다. 이들은 소련을 중심으로 동구권과 아시아권 일부 남미 등 지구상의 사분의 일이나 되는 땅을 지배했다. 현재 소련은 사라졌지만 그 세력은 아직도 러시아, 중국, 북한, 일부 남미 국가에 그 잔재들이 남아 있다. 결국 이들로 인해 공산주의 국가들의 인민들은 흉년으로 사망에 이르고 짐승과 같은 삶을 영위하고 있는 가운데도 기독교를 거부하고 있다. 기독교가 전파되면 개인들에게 자유와 생명이 살아나기 때문이다. 이들은 철저히 복음을 차단하여 인민의 눈과 귀를 막고 있다.

현재 중국 정부가 가장 두려워하는 것이 바로 이것이다. 기독교가 뿌리내리면 사람들에게서 자유와 생명이 살아나 민주주의를 요구하는 목소리가 커진다. 이것은 중국 공산당들에게는 최악의 시나리오다. 이는 중국이 소수 민족별로 국가가 나뉘는 것을 의미한다. 위구르, 티벳 등 54개 종족의 민족 국가로 나뉘어진 중국은 춘추전국 시대로 역사의 톱니바퀴가 되돌아가 버리기 때문이다. 최근 들어 중국 공산당 정부의 기독교 탄압이 이를 대변해 주고 있다.

다섯 번째 봉인이 떼어지자 독재와 전체주의, 그리고 공산주의 세력과 싸우며 복음을 지키기 위해 죽임을 당한 성도들이 대주재이신 예수님께 저들을 심판해 자신들이 흘린 피를 신원해 달라고 간절히 요청한다. 그러나 예수님께서는 저희들에게 흰 두루마리를 주시며 잠시 쉬면서 순교자들의 수가 채워질 때까지 기다리라고 하신다. 아직 때가 아니다. 믿음의 수가 채워질 때 예수님의 재림이 임하는 것이다.

요한계시록에 나타나는 24장로는 구약의 12지파와 신약의 12사도를 의미하며 신구약의 24장로는 구약 성도와 신약 성도를 대표하는 숫자다. 구원받은 14만 4천은 곧 신약 성도 12 구약 성도 12를 곱한 대표 값을 의미하는 것이지 신천지가 주장하는 14만 4천 명만 구원받는다는 의미가 아니다.

그러므로 아직 구약을 대표하는 이스라엘 백성들이 다 돌아오지 않았기 때문에 그 숫자가 채워져야 하고 신약 성도의 수도 우리가 알 수 없기에 우리는 그 숫자가 채워지도록 열심히 전도해야 한다. 그 숫자가 언제 채워지는 지는 하나님만 아신다.

결국 복음의 길은 피 흘림이 없이 만들어지지 않는다. 교회는 예수 그리스도의 피 값 위에 세워지듯 복음은 성도들의 땀과 눈물과 희생으로 전진한다. 자유가 결코 공짜가 아니듯 복음의 확산도 저절로 이루어지지 않는다. 신앙의 자유를 위해 목숨 바친 성도들의 숫자가 채워질 때까지 싸워야 한다. 자유로운 생명이 평등을 만들고 행복의 길을 열어 갈 때까지….

02

전통과 질서

하나님이 주신 고귀한 선물
자유

02

전통과 질서

전통(Tradition)

"땅이 혼돈하고 공허하며 흑암이 깊음 위에 있고 하나님의 신은 수면에 운행하시니라."(창 1:2)

창세기의 제 1주제는 인간은 불완전하다는 것이다. 모든 피조물은 3차원의 세계에서 창조되었기에 죽음이라는 한계를 벗어나지 않고는 4차원의 세계인 영원한 천국에 갈 수 없다. 이 세상 모든 피조물은 완전한 것이 하나도 없다. 그래서 인간은 인간 이성이 불완전하다는 것을 인정할 때 비로소 참 인간됨을 깨닫게 되며 인간의 불완전의 상징, 죽음을 뛰어 넘을 수 있는 길을 찾게 된다. 죽음을 초월할 수 있는 방법은 우주 만물을 창조하신 완전하신 창조주에게 자신을 맡기면 된다. 이것을 최초로 깨달은 사람이 아담의 셋째 아들 셋이다.

아담의 첫째 아들 가인과 둘째인 아벨은 제사의 문제로 가인이 아우 아벨을 죽였고 그 죄로 하나님의 빛의 세상에서 쫓겨나 사탄이 지배하는 거짓의 어두운 세상에서 자신이 완전자인 것처럼 살게 된다. 이 세상은 거짓과 교만이 난무한 세상이 되어 버린 것이다. 이 말은 이 세상은 하나님의 빛이 지배하는 세상이 아니라 어둠이 지배하는 흑암의 세상으로 변하고 말았다는 뜻이다. 모든 사람들이 거짓된 세상에서 가인이 되고 만 것이다. 이런 세상을 성경은 이렇게 표현하고 있다.

"가인을 위하여는 벌이 칠 배일진대 라멕을 위하여는 벌이 칠십 칠 배이리로다."(창 4:24)

하나님과 동행하며 완전한 자유의 향수를 아는 아담이 이를 안타깝게 여겨 아내와 동참하여 아들을 낳았는데 가인이 죽인 아벨 대신에 씨를 주셨다 하여 그 이름을 셋이라 지었고 셋이 아들을 낳아 그 이름을 에노스라 하였으며 그 때에 비로소 사람들이 여호와의 이름을 불렀더라고 성경은 말한다.

여기서 셋이 낳은 아들의 이름 "에노스"의 뜻이 무엇인가? 에노스의 어원은 히브리어로 '아나쉬(אנש)'로서, '깨지기 쉽다, 약하다'라는 뜻이다. 다른 말로 표현하면 너는 약한 존재, 깨질 수밖에 없는 존재라는 의미로 더 완곡하게 표현하면 "너는 죽는다."라는 말이다. 인간은 죽을 수밖에 없는 존재, 유한 존재라는 사실을 인식하게 된 것이다. 이 사실을 알기가 그리 쉽지 않다.

셋은 저 세상의 죄악을 보면서 너희가 완전한 존재냐? 너희는 죽지 않는 존재냐고 질문한다. 대답은 "아니다"이다. 모든 인간은 죽는다. 그러면 어떻게 할 것인가? 셋은 이 사실 앞에 각성하여 그의 아들의 이름을 에노스라고 지었다. 이 이름의 뜻을 알게 된 인간들이 죽음 앞에 어쩔 수 없음을 깨닫고는 비로소 창조자 여호와 하나님의 이름을 불렀다는 것이 무엇을 의미하고 있는가? 죽음을 이길 수 없는 인간은 시간과 공간의 주인이신 하나님 앞에 나올 수밖에 없다. 이것이 종교의 시작이요 기독교 신앙의 시작점이다.

인간 이성의 불완전성을 알면 그때부터 무한자이신 하나님의 이름을 부르게 된다. 죽음 앞에 장사 없다. 인간 이성의 불완전함을 알면 무한자 앞에 무릎 꿇고 겸손해진다. 그러므로 죽음 앞에 선 인간은 숙연해진다. 인간이 불완전한 존재이기 때문에 인간이 만든 그 어떤 것도 완전한 것은 없다. 그저 살고 쓰기에 온전해지고 온전한 것을 만들 뿐이다. 믿음도 마찬가지다. 믿음에 완전한 사람은 없다. 그저 온전해지기 위해 노력할 뿐이다. 누가 과연 완전한 믿음을 가졌다고 자랑할 것인가?

"우리가 다 하나님의 아들을 믿는 것과 아는 일에 하나가 되어 온전한 사람을 이루어 그리스도의 장성한 분량이 충만한 데까지 이

르리니."(엡 4:13)

성화의 단계에서 "칭의"가 지닌 의미가 무엇인가? 인간이 아무리 회개하고 거듭난다 할지라도 우리 스스로 의로워질 수 없다. 하나님이 의롭다 칭해주시니 그저 칭의의 단계에 이르는 것이다. 인간의 이성이 완전하다고 믿는 순간 공산주의자가 된다. 공산주의자들은 인간의 이성이 완전하다고 믿기 때문에 인간의 역사가 발전하여 완전한 혁명을 완수하여 공산주의 사회에 이른다고 생각한다. 거짓말이다. 인간의 이성은 불완전하기 때문에 이 땅에 천국은 이루어지지 않는다. 끊임없이 더 좋은 세상인 천국을 향해 나갈 뿐이다.

인류 역사상 인간이 만든 물건이나 제도 역시 완전한 것은 없다. 인간은 불완전하기에 그래도 사람이 살기에 적합한 부분을 잘 기록하고 보전하여 그 한계를 정하여 인간이 살기 편리하고 좋은 것을 쌓아 모은 것을 전통이라고 이름했다. 인간의 전통은 불완전한 인간이 하나님이 주신 지혜를 모아 만든 관습과 기록이다. 불완전한 인간은 이렇게 그 시대의 선하고 좋은 것을 모아 전통을 만들어 그에 따라 살아가는 것이다. 전통은 결코 하루아침에 만들어진 것이 아니다. 인간의 오랜 삶을 통해 경험하고 축적된 삶의 흔적이다.

그러므로 기독교는 전통을 중요시 여긴다. 예배의 전통, 교회의 전통, 믿음의 선진들이 남겨 놓은 발자취를 따라 좋은 것을 모으고 선한 것을 취하여 하나님이 주신 지혜로 알고 믿고 따르는 것이다. 하나님은 인간이 살기에 옳고 선한 것을 따라 살게 하기 위해 성경의 말씀을 주셨다. 그렇기에 성경은 인간이 어떻게 살 것인가 (How to live?)에 대한 해답이다.

전통(傳統)은 일반적으로 습속(習俗)이 시간적·공간적 구조의 틀 안에서 전대(前代)로부터 후대(後代)로 전해지므로 국가·민족의 전통을 통하여 한 국가나 민족이 유대감을 갖게 된다. 하나님은 이스라엘 백성에게 절기를 제정해 주심으로 절기를 통해 같은 민족의 동질감과 유대감을 갖게 하셨다. 세상의 어느 민족이나 국가도 전통적인 절기를 통해 하나가 되고 일체감을 느끼게 된다. 성경에서 말하는 절기의 중요성이 여기에 있다. 예수님도 절기에 따라 예루살렘을 찾으셨다.

그러므로 보수적 가치는 오랜 전통을 중요시 여기며 항상 인간의 부족함을 느끼며 좋은 전통을 살려 후대에 전하게 되어 세상은 조금씩 발전해 나가게 된다. 이를 부정하고 세상을 하루아침에 바꾸려 한다면 이는 혁명적 발상이 된다. 보수는 집을 짖되 허물지 않고 부족한 부분을 보수하며 나간다. 그러나 혁명적 가치를 중요시하는 진보는 집을 허물고 새 집을 짓기를 좋아한다.

이 전통을 바탕으로 문화는 성립되나, 창조적인 문화는 전통 가운데에서 뛰어난 것을 추려내어 이를 새로운 상황 속에서 살림으로써 생겨나기에 무너뜨리기에 앞서 보수를 통하여 전통을 유지하는 것이 세상을 발전시키는 이치다.

무질서(Chaos)에서 질서(Cosmos)의 세계로

"땅이 혼돈하고 공허하며 흑망이 깊음 위에 있다"는 말을 헬라적 사고로 풀어보면 천지 창조 전의 혼란, 무질서(Chaos)다. 이 혼돈의 세계에 하나님의 신이 운행하셨다는 말은 하나님의 천지 창조의 행위를 의미한다. 즉 하나님은 혼돈의 세계에 질서(Cosmos)를 부여했다는 말이다. Chaos(무질서)에서 Cosmos(질서)로, 즉 하나님의 신의 운행은 질서부여적 천지 창조가 된다. 영어의 Cosmos는 우주, 질서라는 의미를 갖고 있다. 하나님이 만드신 우주가 곧 질서라는 말이다. 우주의 질서가 무너지면 지구의 존재도 사라진다. 다시 혼돈과 흑암의 세상이 된다. 하나님의 창조질서는 우주가 운행되는 원리다.

그런데 질서가 부여되면 여기에는 반드시 의미가 생겨난다. 하나님의 창조질서는 그 자체가 인간이 표현할 수 없는 어마어마한 의미부여다. 그래서 나뭇잎 한 잎도 의미 없이 떨어지지 않고 들의 백합화도 의미 없이 피고 짐이 없고 공중의 새도 의미 없이 날지 않는다. 모든 질서에는 의미가 생겨난다. 하나님이 첫째 날부터 여섯째 날까지 창조하실 때마다 하나님이 보시기에 좋았더라고 감탄하셨다. 하나님의 감탄, 거기에는 아름다운 의미가 생겨났다는 뜻이다.

하나님의 창조질서에 의해 지어진 모든 세계는 진(眞, Truth), 선(善, Goodness), 미(美, Beauty)라는 의미가 부여된다. 하나님이 만드신 모든 피조물이 진실되고 선하여 아름답다는 말이다. 인간 세상에 거짓이 들어오기 전 이 세상은 진실한 세상이었다. 그리고 현재도 인간을 제외한 모든 세상은 선하고 아름답다.

모든 질서에는 의미가 부여된다. 아이가 어질러 놓고 간 무질서한 방에 어머니가 들어갔다 나오면 방에 질서가 잡힌다. 무질서한 방을 보고 아름답다고 말할 수 없다. 그러나 어머니의 따뜻한 손길로 청소된 방은 질서가 잡혀 보기에도 아름답고 사랑스런 의미가 생긴다.

음악가는 오선지에 악보를 그려 넣어 자신의 생각의 질서를 잡는다. 이 악보가 연주될 때 우리는 아름다운 음악을 듣는다. 화가는 화선지에 색깔의 질서를 잡는다. 그러면 아름다운 그림이 나온다. 육체에 질서를 불어넣으면 운동이 된다. 생각에 질서를 부여하면 철학이 되고 과학이 되고 학문이 된다. 인간의 몸은 60여 조 개의 세포로 이루어졌다고 한다. 이 세포들은 정확히 자기의 위치를 잡아 육체의 부분을 이룬다. 만약 이 세포가 질서를 잃으면 기형이 되는지 병든 육신이 되고 만다. 모든 질서는 하나님의 창조의 질서를 따르기에 하나님의 창조질서는 진실되고 선하고 아름다운 것이다.

인간의 생각이 흩어지면 무질서한 사람이 된다. 그러므로 인간의 생각에 하나님의 창조질서를 부여하면 아름다운 인간으로 거듭나게 된다. 하나님은 이 질서를 성경의 말씀으로 주셨기에 성경 말씀을 따라 살면 그 사람의 삶에도 아름답고 의미 있는 삶으로 거듭난다.

사사기는 신앙 고발서

구약의 사사기는 이스라엘 백성들이 꿈에도 그리던 가나안 땅에 정착하는 과정을 다룬 책이다. 이스라엘이 이집트를 떠나 40년 광야 교회를 지나지만 이들은 아직도 청동기 문화에서 벗어나지 못한 상태였다. 그러나 이미 가나안 족속들은 씨족에서 부족 사회를 넘어 부족 국가인 왕정 시대로 접어든 철기 문화를 이루고 있었다. 청동기 문화가 선진 문화인 철기문화를 이긴다는 것은 비행기의 팬텀기가 최신예 전투기인 F-22를 이긴다는 말과 같다. 그러나 하나님은 이스라엘 백성에게 가나안 땅을 정복하라고 명하신다. 청동기 무기로 철기 무기를 이기라는 것이다. 어떻게 가능할까? 가나안 땅을 정복하기 위해서는 처음부터 끝까지 이렇게 하라고 하나님이 모델을 보여 주신 것이 있다. 여리고 성의 기적이다. 이 성을 무너뜨리기 위해 저들은 어마어마한 무기를 사용한 것이 아니라 단지 하나님이 주신 믿음으로 여리고 성을 무너뜨릴 수 있었다. 그렇다면 이제 이스라엘은 가나안을 믿음으로 여호와화시켜야 하는데 이스라엘 백성들은 저들과 타협하고 융화되어 오히려 이스라엘이 가나안화 되었다는 사실을 고발하고 있는 것이다. 그 증거가 사사기에 기록되어 있다.

"그때에 이스라엘에 왕이 없으므로 사람이 각각 그 소견에 옳은 대로 행하였더라."(삿 21:25)

여기서 말하는 왕이 누구를 의미하는가? 이스라엘은 사사기를 지나는 400여 년 동안 가나안화 되어가는 과정에서 이스라엘의 왕이신 하나님을 버리고 가나안의 다른 나라들처럼 세상 왕을 사모하게 되어 하나님의 말씀을 버리고 세상 사람들의 말을 듣고 사는 사람으로 변했다는 것이다.

하나님의 말씀을 저버리면 사람의 생각에 질서를 잃게 된다. 현재도 믿는 사람들이 세상에 나가 세상을 예수화시켜야 하는데 오히려 교회 문만 나서면 세속화되어 빛과 소금의 역할을 잃어버렸기에 세상이 거꾸로 가는 세상이 되고 말았다.

거꾸로 가는 세상

하나님의 창조질서가 무너져 가는 소리가 들리지 않는가? 하나님이 가나안 족속을 진멸하라고 명하신 이유가 무엇인가? 하나님은 레위기 18장에 모세를 통해 이스라엘 백성에게 가르치셨다. 가나안 족속들처럼 근친상간, 우상 숭배, 동성애, 수간을 하지 못하도록 엄격히 금하신 이유가 여기에 있다. 현재 우리 사회를 휩쓸고 있는 좌파 광풍을 보면 세상이 거꾸로 가고 있음을 실감할 수 있다. 세상에 하나님의 말씀이 사라지고 하나님이 부여하신 질서가 무너져가고 있다는 사실을 분명히 인식해야 한다. 포스트마더니즘이라는 해괴한 사조로 시작된 자유주의 신학의 핵심이 바로 좋은 게 좋은 거라는 세상과의 타협이다. 신학뿐만 아니라 모든 세상 학문에서도 잘못된 학설이 좋은 게 좋다는 식으로 진리를 무너뜨리는 지적 사기가 팽배해 가고 있다. 자유주의 신학으로 신학교가 망해 가듯이 물질만능주의인 맘모니즘에 빠진 교회가 신앙을 망치고 있다.

여기에 프랑스에서 일어난 6.8혁명 이후 인류가 고귀하게 추구해오던 가정 제도, 결혼관, 사회 질서 등 가치관과 전통들이 하나씩 무너지기 시작했다. 6.8혁명의 단초는 아주 사소한 것이었다. 대학교에서 여학생 기숙사에 남학생 출입을 허하라는 요구에서부터 시작되었다. 아무 것도 아닌 것 같았던 작은 이슈가 무너지자 마치 큰 저수지의 댐이 작은 쥐구멍으로부터 시작되어 무너지듯 모든 사회 질서가 무너지기 시작했다. 그리고 지금껏 인류가 지켜오던 가치관들이 하나씩 무너지고 있고 이것이 마치 고상한 진리인 것처럼 온 세상의 대학가를 휩쓸고 있는 좌파 학풍의 광란의 질주가 곧 거짓 진리가 마치 진짜인 양 세상을 어지럽히고 있는 것이다.

현재도 각국의 진보라는 사람들이 동성 결혼을 합법화시키려는 작업들이 여기저기서 일어나고 있다. 이 얼마나 무책임한 사람들인가? 그럼 그들의 요구처럼 모두가 동성애로 가면 지구는 한 두 세대 후 인류의 멸망으로 갈 것이다. 누가 후손을 날 것이며 언제 생육하고 번성할 것인가? 동성결혼이 합법화되면 그 다음 순서가 무엇인지 불을 보듯 뻔하다. 바로 동물과 관계하겠다는 수간이다. 하나님의 말씀인 수간 금지에 도전하는 것이다.

하나님의 말씀에 도전하는 사탄의 역할을 하는 것이 바로 진보 좌파의 사명이다. 이들은 철저히 사회적 전통과 질서를 무시하고 해체주의라는 해괴한 학설로 사회 질서를 파괴하려 달려든다.

최근 들어 지금껏 듣고 보지 못했던 질병들이 출현하여 사람들을 두려움에 떨게 한다. 이 에이즈라는 후천성 면역결핍증, 사스라는 조류 독감, 메르스 등 듣기에도 이상한 질병들의 원인이 바로 동물과의 지나친 접촉으로 유발된다는 사실이 밝혀지고 있다. 에이즈는 녹색 원숭이의 토속 병이 인간에게서 변종으로 나타난 것이고, AI라는 조류 독감은 새들에게 나타나는 감기의 일종이며, 메르스는 중동 지방의 낙타에게 나타나는 질병의 일종이다.

하나님은 각각의 종류대로 피조물을 만드셨는데 종이 다르면 각각의 종에서 나타나는 병원균이 다른 종으로 번지지 않도록 종간 장벽을 두었다. 다른 동물과의 빈번한 접촉은 이종 간 장벽을 무너트려 바이러스가 돌연변이 변종을 일으켜 다른 종에게도 전이되어 나타나게 되는 것이다.

문제는 지금껏 종간 장벽이 있어 각각의 병원체가 종간의 벽을 넘지 못했는데 동물과의 접촉이 이 장벽을 무너뜨리면 인류에게는 피할 수 없는 재앙이 일어날 수도 있다는 것이다. 하나님은 에이즈나 사스, 메르스라는 신종 질병을 통해 인류에게 내릴 재앙을 미리 예고하셨다. 그럼에도 불구하고 인간의 타락과 하나님께 대한 도전이 멈추지 않고 동성애나 수간을 쾌락의 수단으로 삼는다면 그 다음 내릴 재앙의 수순은 마치 바로 왕이 모세의 경고에 불응하다 망하는 것 같은 대재앙이 인류 사회에 큰 고통으로 내리게 될 것이다.

전통과 질서의 존중은 자유 민주주의의 근간이다. 인간이 만든 정치 제도 중 그래도 문명사회로 발전하고 개인의 인권을 존중케 하는 제도가 자유 민주주의 제도다. 이것도 완전한 것은 아니지만 서로의 가치가 서로의 부족한 점을 보완하면 어떤 정치 제도보다 개인의 "자유, 생명, 평등, 행복 추구권을 보호해 주는 장치가 되는 것이다." 그래서 자유주의와 민주주의가 결합하여 자유 민주주의 라는 정치 제도를 만들어 개인의 책임과 의무를 강조하여 인류의 보편적 가치를 지켜 나가는 것이다.

그래서 자유 민주주의 제도에서 가장 중요한 것이 전통과 질서의 존중이다. 이것이 법치주의로 나타나며 자유 민주주의는 절차와 법치를 존중하므로 온전해질 수 있다.

03

예루살렘 성전 터

하나님이 주신 고귀한 선물
자유

03

예루살렘 성전 터

하나님의 뜻과 섭리는 성경 전체의 흐름이다. 성경을 읽을 때 이 흐름을 놓치면 성경을 잘못 해석하게 되고 자칫 하나님의 뜻을 깨닫는 게 아니라 사람의 생각이 개입될 여지가 커진다. 그런 의미에서 목회자들의 설교는 하나님의 뜻을 전하는 것이 되어야지 목회자의 생각인 교회 성장의 목적이 되어서는 안 된다. 이로 인한 피해가 하나님의 뜻인 하나님의 아들들(브네이 하엘로힘 בני האלהים, 153 숫자 개념)을 길러내는 것이 아니라 현대 교회의 지상과제인 교회 성장의 목표로 이어져 온 측면이 있다.

창세기 15장의 살렘 왕 멜기세덱에 관한 기사는 성경 전체의 흐름인 하나님의 섭리에 따라 해석되어야 한다. 흔히 멜기세덱의 신비성만을 강조하면 성경의 기사가 신화나 누군가 삽입한 역사성과 관계없이 가공의 인물로 남게 될 수도 있기 때문이다. 멜기세덱은 성경이 말씀하는 대로 역사적 인물이다. 성경은 하나님의 역사요 역사에 기초한 하나님의 말씀이기 때문에 성경의 인물을 신화나 가공인물로 엮으면 성경을 통하여 면면히 흐르는 하나님의 구속사가 왜곡될 수 있다.

멜기세덱은 살렘 왕이요 지극히 높은 하나님의 제사장

먼저 멜기세덱의 기록은 아브람이 갈대아 우르와 하란을 떠나는데 자기와 함께 했던 조카 롯이 엘람 왕 (메소포타미아 지방) 그돌라오멜을 중심으로 한 동방의 4개국 연합군에 의해 잡혔고 그의 재산과 식솔들마저 포로가 되었다는 소식에 격분하여 자기의 휘하에 있던 318명의 훈련된 사병과 함께 롯을 구출하고 돌아오는 길에 서방의 5개국 연합국인 소돔 왕과 살렘 왕 멜기세덱의 영접과 축복을 받게 되는 과정에서 나오는 기사이다.

여기서 멜기세덱은 지금까지 성경에 언급이 없던 사람이고 아브람 시대에 아브람 외에 하나님을 믿고 있던 사람이 없었다고 단정하면 이 문제가 꼬이게 된다. 아브람이 갈데아 우르를 떠나 하란으로 갔고 그 곳에서 다시 하나님이 지시하는 가나안 땅으로 갔다는 것은 아브람은 단지 삶의 터전을 찾아 떠난 것이 아니라 하나님을 맘껏 섬겨도 누구에게도 간섭받지 않을 신앙의 자유(Freedom)를 찾아 떠났다는 사실을 간과해서는 안 된다.

그 당시 중동 지방의 종교적 상황은 누구나 각자가 섬기는 신을 믿는 다신교의 사회였다. 현재 사우디아라비아의 성지 메카에 있는 카바(kaaba)를 보면 그 당시의 종교적 상황을 알 수 있다. 『꾸란』에는 아브라함이 자신의 아들 이스마엘과 함께 카으바를 지으면서 하나님께 자신들의 행위를 받아달라는 기도가 언급되어 있다. (꾸란 제 2장 127-129절) 아브람이 가나안 땅으로 가던 시절에는 다신교의 세상이었다는 것을 알 수 있다. 나중에 이슬람교를 창시한 마호멧이 유일신 알라를 강조한 것도 그들의 다양한 종교를 하나로 만들어 강력한 중앙 집권적 체제를 이루려는 의도로 읽힐 수 있는 대목이기 때문이다. 또한 이들은 카바를 아브람이 이스마엘과 함께 지었다고 믿고 있고 이를 중심으로 구약의 정통성에 자신들을 올려 놓으려는 의도가 있기 때문이다. 사실 아랍인들의 직접적 조상은 이브람의 아들인 이스마엘이기 때문이다.

카바는 당시에는 모든 신들을 모셔 놓은 신들의 아파트라고 할 수 있을 정도로 다양한 신들이 섬겨지고 있었다. 그중 아브람은 여러 신들 중에 하나님만을 믿었던 사람이고 그를 하나님은 가나안 땅으로 인도하신 것이다. 반면에 아브람 외에도 오늘날의 예루살렘 지방을 중심으로 살렘 왕이 하나님을 믿고 있었고 그는 왕과 제사장직을 함께 한 인물이었다.

성경이 언급하고자 하는 멜기세덱의 존재는 구약의 실재 인물이었고 아브라함과 동시대를 살았던 살렘(현재의 예루살렘)의 왕이었고 예수님처럼 왕인 동시에 하나님의 지극히 높으신 제사장이었다는 것이다. 이스라엘의 직접 조상인 아브라함과 살렘 왕 멜기세덱의 존재를 통해 하나님은 이스라엘 민족을 통한 하나님의 나라와 영적 제사장 역할을 감당한 멜기세덱의 영적 계보로 예수 그리스도의 존재를 구약에 심어 놓으려는 하나님의 구속사적 의도를 읽을 줄 알아야 한다.

아브라함의 계보를 이어 이삭을 낳고 이삭을 통해 이스라엘 12족속의 직접 조상인 야곱의 실재를 알리고자 하는 것이다. 아브라함은 이스라엘의 조상이기도 하지만 아랍 민족의 조상이기도 하다. 그러나 이 두 민족 중에 하나님의 택하신 선민은 이스라엘이고 야곱의 12 아들의 4째 아들인 유다를 통해 예수 그리스도의 육적 계보를 잇게 하는 것이 하나님의 뜻이다.

그러나 이스라엘 사람들은 예수 그리스도의 존재를 하나님의 아들로 믿으려 하지 않는다. 그 이유 중 하나가 예수님의 육적 계보인 유다 족속이라는 것은 현실적으로 믿지만 예수님이 온 인류의 그리스도(구세주)로 오신다는 사실을 믿지 못하기 때문이다. 즉 예수님은 유다 족속의 다윗 왕의 후손이라는 사실은 부인할 수 없지만 인류를 구원하시기 위해서는 제사장권을 가져야 하는데 제사장권을 갖기 위해서는 레위 족속 계통의 피를 이어받아야 하기 때문이다. 그러나 예수님은 유대 족속의 후손인 것은 확실한데 제사장 족속인 레위인의 피를 동시에 갖지 못하기 때문에 먼 훗날 신약 시대의 예수 그리스도를 위한 구약의 계획이 곧 멜기세덱인 것이다.

신약의 히브리서는 이스라엘 백성을 위한 복음서이다. 당시 유대적 사고에 사로잡혀 있던 사람들에게 예수 그리스도의 제사장권을 설명하기 위한 방법이 바로 멜기세덱이다. 히브리서 7장의 설명을 보면 예수님의 제사장적 직분의 정통성은 바로 멜기세덱을 통해 왔다는 것이다(히 7:17-22).

멜기세덱은 살렘 왕이요 지극히 높으신 하나님의 제사장이라고 소개하는 히 7:1의 말씀이 이를 뒷받침하고 있다. 이스라엘 백성들도 레위 지파에서가 아닌 멜기세덱의 제사장권이 자신들의 직접 조상인 아브람을 축복했다는 사실을 부인할 수는 없다. 이를 부인하게 되면 구약의 토라를 부인하게 되는 것이기 때문이다. 히브리서 기자는 당시 유대인들을 설득하기 위해 히브리서를 통해 예수가 멜기세덱의 계보를 잇는 대제사장 곧 그리스도인 것을 증거하고 있다.

멜기세덱의 이름이 이를 증명하고 있다. 멜키체데크(히브리어 מלכי־צדק) 또는 멜기세덱의 이름은 멜기(당시 샬롬 왕을 지칭하는 이름, 이집트 왕의 이름이 바로와 같은 이치)와 체데크(정의, 공의를 이르는 히브리어 '체데크'(צדק)의 준말이다. 히 7:2 ("그 이름을 번역한 즉 첫째 의의 왕이요 또 살렘 왕이니 곧 평강의 왕이요")이 이를 증거하고 있다.

또 멜기세덱은 살렘 왕이다. 살렘은 현재의 예루살렘의 옛 이름이다. 예루살렘이 다윗 이후 이스라엘의 수도가 되고 하나님의 이름을 둔 성전이 바로 예루살렘에 세워졌다. 예루살렘은 곧 하나님이 거하시는 성전이 있는 곳이다. 하나님은 이 성전 터를 이미 아브라함 시대에 정하셨다. 성전이란 곧 하나님의 이름을 모신 곳이요 하나님을 만나는 장소다.

아담의 타락 이전에는 아담은 하나님과 동행하였다. 여기서 "동행했다"는 의미는 항상 자유로이 함께했다는 의미이다. 그러나 타락 후 죄인인 아담은 의인이신 하나님을 만날 수가 없었다. 의인과 죄인은 만날 수 없기 때문이다. 의인과 죄인이 함께 할 수 없다는 법칙은 후에 언급하겠지만 예수님과 세례 요한과의 관계에서도 정확히 나타난다. 타락 후 하나님은 아담의 죄인 된 부끄러움을 감춰주시기 위해 가죽옷을 지어 입히셨다(창 3:21). 하나님이 아담과 하와에게 가죽옷을 지어 입히려면 반드시 짐승이 아담 대신 피를 흘려 죽어야 한다. 그래야 가죽이 나오고 이 피 흘려진 가죽은 사람의 부끄러운 죄의 흔적을 감출수 있다(히 9:22). 이후로 아담은 하나님을 만날 때 자신의 죄 대신 짐승을 잡아 그의 피를 흘리게 함으로 의인이신 하나님을 만날 수 있게 된 것이다.

아담이 최초로 하나님께 제사를 지내게 되었는데 아담의 첫째 아들인 가인은 농사 짓는 사람으로 땅의 소산으로 제물을 드렸고 둘째 아들인 아벨은 양치는 자로 양의 첫 새끼로 제물을 드렸다. 그런데 창 4:1-5 의하면 하나님은 아벨의 제물은 열납하셨지만 가인의 제물은 받지 않으셨다. 그 이유가 바로 아벨이 드린 피의 제사만을 하나님이 받으신다는 하나님의 뜻을 전한 것으로 볼 수 있다. 더욱이 성경에서 피는 생명의 상징이기 때문이다(레 17:11). 이것은 바로 예수께서 우리의 대제사장이 되셔서 몸소 자신의 몸을 드려 피와 땀과 물을 흘리신 십자가의 제사를 예표하는 것이기에 구속사적 의미에서 매우 중요한 대목이다.

이삭을 바친 모리아 산의 번제단(창 22장)

이렇게 아담 이후 드려진 제사의 장소가 돌단을 쌓아 드린 단(Altar) 제사이다. 단 제사는 아브라함이 이삭을 하나님께 바치기 위해 모리아 산에 쌓은 단이 대표적이다. 그 절정이 야곱이 밧단 아람으로 떠나는 도중 루스 땅에서 하나님을 체험하고 베개로 삼아 잠잤던 돌을 쌓아 만든 단의 장소를 벧엘(하나님의 집)이라고 명했고 이 벧엘에서 한 서원의 약속은 구약 이스라엘 백성의 신앙의 모범이 된다.

아브라함이 100세에 아들 이삭을 얻어 후사의 문제가 해결되고 항상 문제로 남아 있던 하갈과 이스마엘을 추방하여 문제가 일단락되었다. 그리고 사막의 중동 지방에서 생존하기 위해 절대적으로 필요한 생명줄인 브엘세바 우물을 얻고 블레셋과의 관계도 원만하여 더 이상 문제가 없을 듯한 때에 하나님은 아브라함의 믿음을 시험하시기 위하여 아들 이삭을 번제물로 바치라는 명령을 하신다. 번제로 바치라는 명령은 곧 아들 이삭을 죽여 제물로 바치라는 명령이다. 믿는 자들은 항상 평안할 때 더욱 조심하여 깨어 있어야 한다. 믿는 자가 잠들면 사탄도 안심하여 잠들고 믿는 자가 깨어서 기도하면 그 영역을 빼앗기지 않으려는 사탄도 함께 날뛴다.

하나님은 아브라함의 믿음을 시험하기 위하여 그의 사랑하는 독자 이삭을 데리고 모리아 땅으로 가서 하나님이 지시하는 한 산 거기서 이삭을 번제로 드리라고 명하신다. 아브라함은 이 명령에 어떠한 토를 달지 않고 하나님이 명령대로 사환 둘과 나귀에 번제에 쓸 나무단을 싣고 3일쯤 가다가 사환과 나귀는 한 자리에 머물게 하고 이삭에게 번제단을 지게 하여 하나님이 지시하시는 곳에 이르러 단(Altar)을 쌓고 이삭을 번제단에 결박하여 놓고 칼로 이삭을 잡으려 하자 하나님의 사자가 급히 아브라함을 정지시켜 이삭의 생명을 구하게 하셨다. 그리고 아담과 하와의 범죄 후 짐승을 잡아 가죽 옷을 해 입히신 것 같이 나무가지에 뿔이 걸린 수양을 잡게 하여 이삭 대신 번제를 드리게 하셨다.

시험을 통과한 이브라함에게는 큰 복을 주셔서 후손을 하늘의 별 같고 바닷가의 모래 같이 풍성하게 하시리라고 약속하신다. 곧 나라를 이루시겠다는 약속이다. 나라는 곧 신앙의 울타리이기 때문에 하나님은 아브라함의 후손을 통해 나라를 이루어 사탄의 세상을 무너뜨리시겠다는 하나님의 구속사의 약속을 하셨다.

결국 아브라함은 모리아 산에서의 믿음의 시험을 통해 그의 신앙을 하나님께 보여드림으로 그의 믿음을 입증하였다.

다윗이 산 여부스 사람 아라우나의 타작마당(삼하 24장)

하나님은 다윗 왕이 나라를 평정하고 왕위가 굳건해지자 다시 다윗을 시험하신다. 다윗에게 이스라엘과 유다의 인구를 조사하게 하신다. 여기서 왜 하나님은 이스라엘과 유다의 인구를 따로 세게 하셨을까? 이 시험 역시 자신의 영광과 국력을 자랑하고 싶어 했던 다윗의 교만한 마음을 꿰뚫어 보시는 하나님의 시험이라는 사실을 잊어서는 안 된다. 다윗은 군대장관 요압의 권고에도 불구하고 그를 재촉하여 결국 9개월 20일 만에 전쟁에 나가 싸울 수 있는 군대의 수가 이스라엘 80만과 유다 사람이 50만이라고 보고한다.

다윗은 이 보고를 받고 얼마나 교만했을까? 하나님을 의지하지 않고 군대 수의 힘을 믿는 왕을 하나님은 가장 경멸하신다. 그리고 다윗을 12지파의 이스라엘 왕으로 세우셨음에도 다윗은 유다 족속의 수를 따로 기록하게 했다는 의미는 다른 족속보다는 유다 족속 위주의 편협한 정치를 했다는 사실을 의미한다. 결국 다윗의 이러한 정치적 태도로 인해 솔로몬 시대에 북 이스라엘과 남 유다로 갈라지는 단초를 제공하게 되었다는 것은 이스라엘 역사의 비극이요 하나님의 뜻과 생각에 맞게 살기가 결코 쉽지는 않다는 사실을 일깨워 준다.

결국 하나님은 선지자 갓을 보내어 다윗의 잘못을 지적하게 하시고 다윗에게 세 가지 벌 중 하나를 택하라고 명령하신다. 이스라엘 땅에 7년의 기근, 다윗 왕이 대적에 쫓겨 3개월을 도망다니는 신세, 그리고 전역에 3일간의 전염병 중 하나를 택하게 하신다. 다윗은 마지막 3일의 온역을 택하고 이 벌로 인해 단에서 브엘세바까지 전역에 7만의 백성이 죽게 된다. 이 벌을 멈추게 하기 위해서 갓 선지자는 다윗에게 여부스 사람 아라우나(오르난)의 타작마당을 사서 그 곳에 단을 쌓고 하나님께 화목제사를 드리라고 권고한다. 이에 다윗은 아라우나의 타작마당에 있던 소와 제구 등 번제에 필요한 모든 도구와 그 땅을 은 오십 세겔을 주고 사서 그곳에서 화목 제사를 드렸더니 재앙이 그치게 되었다.

이렇게 아브라함과 야곱, 그리고 다윗이 하나님께 제사를 드리려고 쌓은 단 제사가 비로소 모세를 통해 성막 제사가 되고 솔로몬 시대에 이르러 드디어 성전 제사가 되는데 앞 절에서 언급한 단을 쌓는 이유가 하나님을 만나는 장소이기 때문이다. 단, 성막, 성전 제사에 이어 바벨론 포로 당시엔 예루살렘 성전을 잃어버린 유대인들이 먼 이국 땅 바벨론에서 하나님께 제사를 드리기 위해 회당을 지었다. 이 회당 제사가 예배가 되고 예수님도 회당에서 가르치셨고 곧 회당이 오늘날의 눈에 보이는 교회의 모체가 되었다.

그러므로 교회는 죄인인 인간이 피 제사의 상징인 예수 그리스도의 흘리신 보혈로 인해 의인이신 하나님을 만나는 장소로 살렘 왕 멜기세덱의 이름처럼 공의와 정의의 말씀이 하수 같이 흘러나오는 곳이며 천신만고 끝에 100세에 얻은 자신의 독자 이삭을 바침으로 자신의 믿음을 증명한 아브라함처럼 하나님께 믿음을 보여드려 하나님의 약속을 받는 곳이며 다윗처럼 철저히 자신의 죄를 회개하여 하나님과 화목을 이루는 장소가 되어야 한다.

멜기세덱이 바로 현재의 예루살렘인 옛 살렘 땅의 왕이었고 아브라함이 이삭을 바친 모리아 산이 바로 예루살렘에 있었고 다윗이 죄를 뉘우치고 갓 선지자의 도움으로 여부스 사람 아라우나의 타작마당에 여호와를 위해 단을 쌓게 하여 화목제를 드린 그 타작마당이 바로 아브라함이 이삭을 바친 그 모리아 산이었다는 사실은 예루살렘 성전의 터는 이미 하나님의 구속사의 한 축이고 성전은 예수 그리스도를 예표한 것이기에 교회가 성전 됨의 의미는 아무리 강조해도 부족함이 없다 하겠다.

"솔로몬이 예루살렘 모리아 산에 여호와의 전 건축하기를 시작하니 그곳은 전에 여호와께서 그 아비 다윗에게 나타나신 곳이요 여부스 사람 오르난의 타작마당에 다윗이 정한 곳이라."(대하 3:1)

04

벧엘 신앙을 배워라

하나님이 주신 고귀한 선물
자유.

04

벧엘 신앙을 배워라

구약에서 벧엘은 중요한 단어이자 장소다. 벧엘은 야곱이 이스라엘로 변하는 turning point의 역할을 하는 장소이자 구절이다. 야곱이 형 에서를 속인 죄로 노여움을 사 어머니 리브가의 도움으로 브엘세바를 떠나 외삼촌 라반의 집이 있는 밧단아람으로 피신할 때 일어난 사건이다.

야곱이 집을 떠나 하란으로 가던 중 루스라는 곳에 이르러 유숙하게 되었는데 그곳에서 돌 하나를 취해 돌베개를 하고 잠을 잘 때 야곱이 꿈을 꾸게 된다. 꿈에 본즉 사닥다리가 땅 위에 섰는데 그 꼭대기가 하늘에 닿았고 천사들이 그 위에서 오르락내리락 하고 있는 모습을 보았다. 야곱이 의아해하고 있을 때 하나님의 음성이 들려 그의 조부 아브라함에게 했던 약속을 야곱에게 해 주셨다.

"네 자손이 땅의 티끌같이 되어서 동서남북에 편만할지며 땅의 모든 족속이 너와 네 자손을 인하여 복을 얻으리라."(창 28:14)

평생 어머니 치마폭에 쌓여 찌질이 같은 인생을 살던 야곱에게는 청천벽력 같은 말씀이었을 것이다. 이 음성을 들은 야곱이 다음과 같이 고백한다.

"여호와께서 과연 여기 계시거늘 내가 알지 못하였도다."(16절)

이 고백이야말로 야곱 자신이 누구인가를 찾게 하는 신앙 고백이다. 야곱은 지금까지 부모를 따라 여호와의 말씀을 듣고 산 사람이었다. 그러나 그에게 하나님은 없었다. 종교는 있었지만 하나님이 없는 무신앙의 사람이었던 것이다. 그저 부모님의 요구에 할 수 없이 따라가는 무의미하고 건조한, 그리고 강제적으로 믿는 척하는 피동적 신앙인이었다는 것이다.

하나님의 음성을 듣고 정신이 번쩍 들은 야곱이 두렵고 떨리는 마음으로 아침에 일어나 이곳을 하나님의 전이요 하늘 문으로 정하고 자신이 베개했던 돌을 가져다 기둥을 세우고 기름을 붓고 그곳 이름을 루스 땅에서 하나님의 집 벧엘로 명명(命名)하였다. 그리고 야곱은 자신의 여정에서 하나님이 자신을 지켜 주시고 함께 해 주시면 하나님께 믿음으로 설 것을 약속하는 세 가지 서원으로 맹세한다.

첫째, 여호와는 나의 하나님이 될 것이요.

이 말은 야곱은 지금까지 하나님이라는 존재가 나의 하나님이 아니라 부모님이나 다른 사람의 하나님이었다. 하나님과 일대일의 인격적 만남이 없었다는 뜻이다. 믿음의 시작은 하나님과 1:1 독대하는 것으로부터 시작된다. 하나님과 인격적 만남이 중요하다. 여기서 인격적이란? 하나님이 누구인지를 인정해야 한다는 말이다. 만나는 그분이 누구인지를 알지 못하면 인정할 수 없다. 야곱의 고백에서 야곱은 하나님은 자신의 생사화복을 주관하시는 분임을 인정하고 있다.

"하나님이 나와 함께 계시사 내가 가는 길에서 나를 지키시고 먹을 양식과 입을 옷을 주사 나로 평안히 아비 집으로 돌아오게 하시오면."(20절)

이 고백은 하나님을 전능자로 인정하겠다는 뜻이다. 지금까지 야곱은 하나님을 믿되 하나님 없는 생활을 해 왔다. 빈껍데기 인생을 살아왔음을 고백하는 것이다. 야곱에게 있어서 하나님은 단지 부모님인 이삭과 리브가의 하나님에 불과했다. 자신과는 아무런 관계없는 하나님이었다. 이런 하나님이 오늘 야곱을 찾아오신 것이다.

하나님을 인격적으로 1:1로 만나기 위해서는 세상 모든 것으로부터 단절하는 경험이 필요하다. 철학자 하이데거가 말하는 완전한 'Cast away', 혼자 외딴 무인도에 던져진 인생을 맛볼 수 있어야 한다. 아무런 각본도 대사도 없이 홀로 무대에 선 배우 같은, 그리고 홀딱 발가벗겨진 채 사막 한 가운데로 던져진 인생, 아무리 외쳐도 누구도 들어줄 수 없는 외딴 섬에 던져진, 그리고 캄캄한 어둠 속에 아무리 두 팔을 휘저어도 아무것도 닿지 않는 허공만 가르는 소리만 들리는 그 곳에서 하나님을 만나야 한다. 내 음성을 하나님만 듣고 하나님의 미세한 음성을 혼자만 들을 수 있는 그 곳에서 하나님을 만날 수 있어야 한다.

아브라함도 그의 아들 이삭을 바칠 때 그런 심정이었고 모세도 호렙 산에서 하나님을 만났을 때 그런 모습이었다. 엘리야가 이세벨을 피해 광야로 들어가 로뎀나무 아래서 죽기를 각오하고 기도할 때 하나님의 세미한 소리를 들을 수 있었던 것도 마찬가지다. 세례 요한이 광야에서 하나님을 만난 것도, 예수님이 때를 따라 제자들을 뒤로 하고 혼자 조용히 하나님을 만난 것도, 그리고 마지막 겟세마네 동산에서의 결단의 기도도, 사도 바울 역시 아라비아 광야에서 3년을 거했던 것도 모두 하나님과의 일대일의 만남 때문이었다.

하나님이 나의 하나님이 되는 경험은 누구도 도와줄 수 없다. 나의 인생에서 나의 생명을 걸고 그분을 만나야 한다. 야곱의 인생에서 루스 땅에서 하나님을 만난 경험은 야곱이 이스라엘이 되는 첫 발자국이 되었다.

두 번째 야곱의 서원은 "내가 기둥으로 세운 이 돌이 하나님의 전이 될 것이요"(21절)다.

하나님의 전은 하나님의 집(Bethel)이다. 이 곳 이름을 루스에서 벧(beth, 집)엘(El, 하나님)로 지은 것도 이곳에 하나님께 드릴 제단을 쌓겠다는 의미이다. 하나님을 일대일로 만난 사람은 실제로 자신이 하나님의 집이 된다. 예수님은 자신을 하나님의 아들이라고 고백한 시몬의 이름을 반석이라는 이름 베드로로 명해 주셨다.

"주는 그리스도시요 살아 계신 하나님의 아들이시니이다."(마 16:16)

"또 내가 네게 이르노니 너는 베드로라 내가 이 반석 위에 내 교회를 세우리니 음부의 권세가 이기지 못하리라."(마 16:18)

베드로의 고백이 교회의 반석이 되는 것처럼 야곱의 서원이 하나님의 집이 된다. 사도 바울은 성도를 성령의 전, 교회라고 부른다.

"너희 몸은 너희가 하나님께로부터 받은 바 너희 가운데 계신 성령의 전인 줄을 알지 못하느냐 너희는 너희 것이 아니라 값으로 산 것이 되었으니 그런즉 너희 몸으로 하나님께 영광을 돌리라."(고전 6:19-20)

야곱의 서원처럼 성도는 교회를 하나님의 집으로 삼고 교회를 중심으로 살아야 한다. 또 자신의 몸을 성령의 집으로 삼아 성령에 합당한 사람으로 살아야 한다.

세 번째 서원이 "하나님이 내게 주신 모든 것에서 십 분의 일을 내가 반드시 하나님께 드리겠나이다."(22절)

하나님을 일대일 인격적으로 만난 사람은 십일조를 하나님께 드리는 것이 생활화된다. 십일조의 중요성이 여기에 있다. 우리에게 주신 모든 것은 하나님의 것이라는 사실을 인정하는 것이 중요하다. 하나님께 드리는 십일조는 하나님이 일하시는 도구다. 하나님이 부족해서가 아니라 하나님의 사역은 성도의 사명이다.

야곱의 이 세 가지 서원은 성도가 가질 믿음 생활의 기본이다. 교회를 아무리 오래 다녔고 가족이 몇 대째 믿음의 가정이라고 해도 하나님이 내 하나님이라는 고백이 없으면 아무런 소용이 없다. 나의 하나님의 고백이 없는 사람은 교회를 다니는 교인은 될 수 있지만 그리스도인은 될 수 없다. 성도는 예수를 그리스도로 고백한 사람들의 무리라는 뜻이다. 성도의 신앙은 철저히 개인적 삶의 태도로 드러나야 한다.

그리고 예수님은 십자가 죽음에 실망하고 디베랴 바다로 돌아가 다시 어부의 삶을 시작한 베드로를 만나신다. 밤새 그물을 던졌지만 한 마리의 물고기도 잡지 못한 베드로에게 그물을 배 오른편에 던지라 명하신다. 베드로가 그물을 오른쪽으로 던지자 153마리의 물고기가 그물에 걸렸다. 너무 무거워 그물을 건질 수 없을 정도였다. 베드로가 잡은 물고기로 조반을 마치신 예수님께서 베드로에게 "내 어린 양을 먹이라"고 명하신다. 베드로에게 양의 양육을 맡기신 것이다. 그렇다면 베드로의 그물에 걸린 153마리의 물고기의 뜻이 무엇일까? 예수님 당시 게마트리아(Gematria)어가 성행했다. 히브리어나, 헬라어, 로마어 알파벳에는 각각 숫자 값이 매겨져 있다. 이 단어들에 숫자 값을 매겨 그 의미를 전달하는 것이다. 이 153이라는 숫자 값은 "브네이 하엘로힘"(בני האלהים) 곧 '하나님의 아들들'이란 뜻이 된다. 즉, 예수님이 베드로에게 맡긴 양육의 의미는 하나님의 아들들을 양육하라는 것이다. 그러므로 목회는 교인의 숫자를 늘리는 것이 목적이 되기보다는 교인을 하나님의 아들로 길러내야 한다는 것이다.

야곱의 고백은 곧 하나님의 아들이 되었다는 의미이다. 이제부터 야곱에게 하나님의 의미는 인생의 길잡이요 삶의 의미가 된 것이다.

야곱은 이제 하나님과 동행하는 삶이 되었다. 그 결과 그의 길은 하나님이 그의 삶의 인도자가 되셨다. 이로부터 야곱에게는 시련이 있었지만, 무사히 잘 넘기고 20년의 외삼촌의 집에서 생활을 마치고 그동안 하나님이 축복해 주셔서 얻은 4명의 아내와 11명의 자녀와 수없이 많은 재산과 식솔들을 데리고 귀향하지만 그에게는 풀어야 할 숙제가 있었다. 그것은 바로 형 에서와의 화해 문제다. 이를 위하여 야곱은 모든 식구들을 미리 얍복 강을 건너게 한 후 자신은 강가에 남아 이 문제를 해결하기 위해 기도하기에 이른다.

얍복 강가에서 밤새 기도하던 야곱에게 천사가 나타나 씨름하다가 야곱의 의도가 어찌나 강렬하고 간절한지 이기지 못하자 그의 환도뼈를 친다. 야곱의 환도뼈가 무너져 내리는 사건이 일어났다. 그래도 야곱의 소망의 간절함에 하나님의 사자가 이기지 못하고 그에게 야곱이라는 이름 대신 하나님과 싸워 이겼다는 "이스라엘"이라는 이름을 붙여주었다. 야곱은 이 얍복 강가의 이름을 하나님의 얼굴을 보고도 죽지 않았다는 브니엘(하나님의 얼굴)이라 칭한다.

다음 날 야곱은 형 에서를 만나 눈물로 재회를 하고 용서를 받고 형제가 화해하는 놀라운 사랑의 역사가 일어난다. 야곱은 에서와 화해 후 브엘세바로 돌아가지 않고 형 에서가 거하던 세일 땅 근처 숙곳에 정착하게 된다.

야곱이 거하게 된 숙곳은 세겜의 아비 하몰의 아들들이 거하는 곳이었다. 은 일백 개로 땅을 사서 그곳에 정착하게 된 야곱에게 중대한 사건이 일어난다. 바로 야곱의 딸 디나가 하몰의 아들 세겜에게 겁탈을 당하게 된 것이다. 이에 격분한 야곱의 아들들이 세겜을 속인다. 디나를 줄 테니 모든 하몰의 아들들과 세겜이 할례를 하라는 조건이었다. 이에 응한 하몰의 아들들이 할례를 하자 그날 밤 야곱의 아들들이 침입하여 그들을 죽이고 노략하는 일촉즉발의 위기가 닥친 것이다.

이에 하나님은 야곱에게 급히 벧엘로 가라고 명하신다. 이 명령은 무엇을 의미할까? 야곱은 이제 그의 숙원이었던 에서와의 화해를 마무리 짓자 마음이 해이해진 것이다. 벧엘에서 처음 하나님을 만났을 때 한 서원을 잊어버리고 숙곳에 안주하고 만 것이다. 하나님과의 약속을 잊고 현실에 안주해 버린 야곱을 일깨우는 방법이 딸 디나의 강간 사건이었던 것이다. 하나님은 현실의 평안함에 안주해 버린 야곱의 등을 떠 밀고 있는 것이다. 야곱의 사명은 벧엘로 돌아가 그 곳에 하나님의 단을 쌓는 것이다. 그것은 하나님과의 약속이었다. 야곱의 아들들이 세겜과 하몰의 아들들을 죽이자 사면 다른 마을들이 연합하여 야곱의 가족을 위협하고 있었기 때문이다. 그 증거가 나온다.

"그들이 발행하였으나 하나님이 그 사면 고을들로 크게 두려워하게 하신 고로 야곱의 아들들을 추격하는 자가 없었더라."(창 35:5)

하나님의 입장에서 보면 야곱을 일깨워야 하겠는데 야곱은 안주해 버렸고 할 수 없이 디나가 겁탈당하는 사건을 일으켜 야곱의 가족을 구해야 하는 것이다. 야곱은 이제야 정신을 차리고 가족들을 데리고 가나안 땅에 있는 루스로 가서 하나님과 약속했던 벧엘에 단을 쌓고 그 이름을 엘벧엘이라고 이름하였다. 야곱이 하나님께 요구했던 대로 밧단아람에서 돌아오자 하나님이 다시 야곱에게 나타나 그의 이름을 야곱이라 부르지 않고 비로소 이스라엘이라고 부르셨다. 이는 벧엘 서원을 이행한 것에 대한 응답이었다.

하나님은 야곱에게 이스라엘이라는 이름을 얍복 강에서 주셨다. 그러나 하나님은 이스라엘이라는 이름을 주시고도 그 이름으로 부르지 않으셨다. 하나님은 야곱의 약속을 기다리고 계셨던 것이다. 디나 사건 이후 야곱이 벧엘로 돌아와 하나님과 맺은 서원을 완수하자 야곱을 비로소 진짜 이스라엘이라고 부르신 것이다.

"야곱이 하나님의 자기와 말씀하시던 곳에 기둥 곧 돌기둥을 세우고 그 위에 전제물을 붓고 또 그 위에 기름을 붓고 하나님이 자기와 말씀하시던 곳의 이름을 벧엘이라 불렀더라."(창 35:14-15)

벧엘 신앙은 이스라엘 백성에게는 중요한 신앙의 모범이다. 솔로몬이 죽자 이스라엘이 북 이스라엘과 남 유다로 나뉜다. 여로보암을 중심으로 10지파가 모여 북 이스라엘을 이루고 솔로몬의 아들 르호보암을 왕으로 유다 지파와 벤자민 지파 2지파가 남 유다를 이루어 남북 왕조가 시작된 것이다. 남 유다는 이스라엘의 성지인 예루살렘을 중심으로 모일수 있지만 북 이스라엘은 백성이 함께 할 성지가 없자 여로보함은 벧엘을 성지로 삼으려 했다. 그러나 하나님의 뜻은 유다에 있었기에 여로보암의 벧엘 성지화는 실패로 끝나고 만다.

신앙의 괴리를 극복하라

무엇보다 벧엘 신앙의 핵심은 내가 하나님을 만나는 것이다. 나를 부르시고 나를 만나시기 원하시는 하나님, 그분은 지금도 모세에게 나타나신 것처럼 그때의 그 모습대로 "나는 여호와로다"(나는 나다)라고 말씀하신다. 우리의 신앙이 여호와의 이름의 뜻이 '스스로 있는 자', '나는 나다'인 것처럼 우리도 세상을 향해 '나는 나다', 나는 하나님과 1:1로 만난 사람임을 입증해야 한다. 하나님 외에 무서울 것이 없는 개인으로 우뚝 설 때 아브라함, 야곱, 모세, 엘리야, 이사야, 바울, 마틴 루터 같은 신앙인이 될 수 있다.

신앙생활은 개인화된 내가 하나님의 말씀을 따라 사는 것이다. 신앙은 있으되 생활이 없는 인생은 살았으나 죽은 인생이다(약 2:17). 하나님은 아담과 선악과 언약을 맺을 때 분명히 말씀하셨다.

"먹는 날에는 정령 죽으리라."(창 2:17)

이 말은 먹는 날에는 바로 죽는다는 의미다. 그러나 아담은 선악과를 먹었음에도 죽지 않고 930세를 살았다. 무엇이 죽었는가? 육적으로 죽은 것이 아니라 영적 생명이 죽었다는 것이다. 이 영적 생명을 살리시기 위하여 하나님은 아담에게 제사를 드리게 했다. 제사는 아담이 유일하게 하나님을 만나는 길이다. 제사를 통해 하나님은 영적 생명을 허락하신 것이다. 성도는 영적 생명을 위해 사는 사람들이다. 이 영적 생명과 육적 생명이 하나가 되었을 때 신앙생활이 나온다.

예수님의 제자들이 예수님과 함께 있을 때는 신앙이 있는 것 같았지만 예수님이 아무런 힘도 없이 십자가에 달려 돌아가시자 믿음을 잃고 세상으로 돌아가 버리고 말았다. 이들에게 신앙은 머리에만 있었던 것이다. 머리에 있는 신앙은 신앙이 아니라 신학일 뿐이다. 신앙이 내려와 가슴을 뜨겁게 달굴 때 신앙이 생활이 된다.

예수님의 제자들에게 신앙이 생활로 나타날 수 있었던 계기가 바로 오순절 마가 다락방에 임한 성령 세례 사건이다. 성령이 없이는 신앙을 생활화 할 수 없다. 이는 자동차가 움직이는 이치와 같다. 자동차가 움직이기 위해서는 엔진에 가스가 공급되어야 한다. 가스가 공급되더라도 배터리에서 불을 붙여주지 않으면 가스가 타질 않는다. 가스가 타야 운동 에너지가 나온다. 이 운동 에너지가 방향 에너지로 바뀔 때 자동차는 원하는 방향으로 전진해 나간다.

우리 신앙생활도 마찬가지다. 가스가 말씀이라면 말씀에 성령의 불이 붙어야 한다. 그러므로 말씀만 아는 신학은 능력이 없다. 또한 말씀이 없이 성령만 추구하면 태울 연료가 없어 곧 성령의 불도 시들어 버리고 만다. 그래서 믿음 생활도 말씀과 성령으로 대화하는 기도가 조화를 이루며 균형을 유지해야 한다. 말씀만 읽고 기도가 없어도 문제이고 기도만 하고 말씀을 읽지 않으면 가슴만 뜨거워져 무엇을 할지 방향을 잡지 못한다. 말씀과 기도의 균형을 잡은 신앙이 하나님의 능력을 이끌어 들인다.

예수님이 제자들을 향해 성령을 기다리라고 하신 이유다. 오순절 성령 세례는 제자들이 역동적인 신앙생활을 할 수 있도록 큰 은혜를 베푸신 사건이었다. 이후 이들은 사도 요한을 제외한 11명은 세상 전역으로 흩어져 복음을 전하다 순교자로 믿음의 후손들에게 믿음의 본을 보였다고 한다. 이들이 흘린 순교의 피는 결코 헛됨이 없이 교회를 이루었고 현재도 이 피 값 위에 교회는 세워져 나간다. 신앙과 생활에 활력을 주며 산 그리스도인의 삶을 살도록 역사하시는 분이 성령이시다.

야곱 당시에는 하나님의 신이 그 역할을 하였다. 그의 기름 부으심을 통해 하나님의 역사는 일어났다. 야곱이 이스라엘로 거듭날 수 있었던 것도 오늘날로 말하면 신앙이 생활이 되었다는 의미다. 현대 교인들의 문제가 바로 신앙과 생활의 괴리 현상이다. 교회에서는 신앙인인 것 같지만 가정과 사회에서 어디서도 신앙을 찾을 수 없다면 심각한 신앙의 괴리 현상이 일어난 것이다.

신앙의 괴리 현상을 극복하라. 이것이 현대 교회를 살리는 길이다. 복음이 교인들의 머리속에만 머무는 순간 하나님의 말씀은 관념화 내지는 화석화되어 간다. 생활로 연결되지 못한 말씀은 능력을 발휘할 수 없다. 하나님의 말씀이 머리에서 가슴으로 내려올 때 능력이 나타난다.

사회학에서 문화 지체 현상이라는 병리 현상이 있다. 문명은 급속도로 발전하는데 사람의 생각과 도덕이 이를 따라가지 못하여 일어나는 지체 현상을 말한다. 자동차는 급속도로 늘어났는데 이를 모는 사람이 도로 법규나 이에 따른 윤리 도덕의 의식이 발달하지 못할 때 일어나는 현상이다. 모든 세상의 문명의 이기들이 이에 운영하는 윤리와 도덕적 기준이 없으면 문명의 이기가 오히려 삶의 질에 해악이 되는 현상이다. 현대 교회들을 관찰하면 교회의 물질문명인 하드웨어(hardware)는 크게 발달했는데 오히려 신앙이 형식화되어 버림으로 신앙의 내용인 소프트웨어(software)는 퇴보되어 가는 현상이 나타나는 것을 보게 된다. 이것은 신앙이 생활화되지 못하면 일어나는 신앙적 병리 현상이다.

야곱이 벧엘 신앙을 통해 이스라엘이 되었다는 사실은 신앙이 생활이 되었다는 말이다. 교회마다 신앙생활에 활력이 넘치는 역사가 일어나야 한다.

"하나님의 말씀은 살았고 운동력이 있어 좌우에 날선 어떤 검보다도 예리하여 혼과 영과 관절과 골수를 찔러 쪼개기까지 하며 또 마음의 생각과 뜻을 감찰하나니"(히 4:12)

05

하나님을 버리고
세상 왕을 세운 이스라엘

하나님이 주신 고귀한 선물
자유

05

하나님을 버리고
세상 왕을 세운 이스라엘

기독교의 핵심은 자유다. 예수님이 이 땅에 오신 목적도 인류의 해방 곧 자유를 주시기 위하여 오셨다고 성경은 말한다. 구약의 이사야 61장에서 메시아로 오시는 예수 그리스도의 소명을 밝히고 있고 예수님은 누가복음 4:18에 이를 인용하시면서 당신의 사명을 말씀하신다. 해방은 독립을 의미하고 독립은 자유로 귀착된다. 해방되지 않은 독립은 없고 독립되지 않은 자유는 자유가 아니다.

이스라엘 백성이 430년 종살이하던 노예의 땅 애굽을 떠나 젖과 꿀이 흐르는 하나님의 약속의 땅 가나안으로 간 이유가 무엇인가? 자유를 찾아 떠난 것이다. 모세가 바로 왕에게 요구한 것이 무엇인가를 보자.

"우리가 사흘 길쯤 광야에 가서 하나님 여호와께 희생을 드리려

하오니 가기를 허락하소서."(출 5:3)

신앙의 자유다. 인류의 보편적 문명사적 가치관의 시작은 신앙의 자유를 찾기 위한 발걸음이다. 출애굽을 엑소더스(Exodus)라고 하는 이유는 대탈출을 의미한다. 무엇에서 탈출인가? 노예의 삶으로부터 자유를 찾아 떠나는 대탈출이다.

이스라엘 백성이 이집트로 간 연유는 중동 지방에 불어 닥친 가뭄과 기근을 피해 야곱의 70인의 식구들이 먼저 가서 국무총리로 자리를 잡은 요셉의 초청을 받아 들어 간 것이다. 신앙의 자유인으로 이집트에 들어갔지만 세월이 지나 요셉의 공을 알지 못하는 왕들이 나오고 이들은 이스라엘의 숫자가 많아지고 세력화되면서 이집트에 적대 세력이 될까 두려워 이스라엘 백성을 서서히 노예화시켜 나가기 시작했다. 한 번 노예 생활에 빠진 백성들은 노예 생활이 근성화 되어 간다. 백성이 노예의 삶에 체질화되어 가면 자율성을 잃게 되어 모든 것이 남 탓이 된다. 나의 잘못도 남 탓이고 자신의 불행의 모든 이유가 사회 환경이 잘못되었기 때문이요, 국가 시스템이 잘못되었기 때문이라고 불평만 한다. 그리고 개인의 삶은 사라지고 군중화, 집단화되어 간다. 자기 스스로 서지 못하고 늘 누군가의 도움만 바라는 거지 근성으로 살게 되는 것이다.

어떤 노예가 있었다. 주인에게는 너무나 충성스런 노예다. 하루는 주인이 노예에게 말했다. 오늘은 감자를 캐는 날이니 감자를 캐어 구덩이를 두 개 파서 한 구덩이는 큰 감자를 다른 구덩이에는 작은 감자를 묻도록 하게 했다. 명을 받은 노예가 아침 일찍 감자 밭으로 갔다. 그런데 저녁이 되고 캄캄해졌는데도 노예가 돌아오지 않자 주인이 걱정이 되어 감자 밭으로 나갔다. 어둠 속에서 노예가 감자를 캐어 산더미처럼 쌓아 놓고는 두 구덩이 사이에 앉아 울고 있었다. 주인이 왜 울고 있냐고 물으니 노예 왈, 어떤 게 큰 감자고 작은 감자인지 구별할 수 없어 울고 있다는 것이었다.

백성이 노예화 되면 독립성과 창의성이 사라지고 백성이 스스로 서지 못하면 자율성이 사라지게 되어 주인의 입만 쳐다보는 노예처럼 국가만 쳐다본다. 모든 것이 사회 환경 탓이요 국가는 백성에게 모든 것을 해 주어야만 한다. 개인이 사라지고 백성만 남게 되는 나라의 주인은 왕이요 왕은 백성의 생사화복을 주관하는 전제자가 되어 바로 독재, 전체주의가 되어 결국은 최악의 공산주의 국가가 되고 만다. 조선 시대가 그랬고 사회주의 국가로 변한 남미의 베네수엘라, 아르헨티나가 대표적이며 아예 전 국민이 영혼 없는 공무원화 된 나라가 좌파 종북주의자들의 천국인 북한 조선민주주의인민공화국이다.

이스라엘 백성이 이집트의 노예가 되어 있는 노예근성의 대표적인 예가 동족끼리의 잦은 다툼이고 자기를 돕는 자를 밀고하는 이간질이 생활화되어 가는 것이다. 이로 인해 동족에 의해 밀고 당한 모세가 광야로 도망하게 된 이유인 것이다(출 2:11-15, 14:11, 민 14:2).

이에 하나님은 모세를 내세워 이집트의 노예가 되어 버린 이스라엘 백성을 이끌고 저들에게 자유를 회복시키기 위하여 젖과 꿀이 흐르는 가나안 땅을 미리 정해 놓으신 것이다. 왜 하나님은 이스라엘 백성에게 가나안 땅을 젖과 꿀이 흐르는 땅이라고 말씀하셨는지 그 의미를 녀여 보라.

그러나 바란 광야 가데스에서 12명의 정탐꾼을 보내어 가나안의 정세를 알아보게 하였지만 노예근성에 물들어 버린 이스라엘 백성들은 자유의 정신을 깨닫지 못하고 이집트로 돌아가기를 원했다. 그래서 하나님은 모세를 통해 이들을 40년의 광야 학교에서 훈련을 시키신다. 40년의 광야 생활 동안 이들은 노예근성을 청산하고 가나안 땅을 경영하고 다스릴 수 있는 진정한 하나님의 자녀인 자유인으로 거듭나야 했지만 이들의 사고는 쉽게 바뀌지 않고 여전히 피동적 노예의 삶 속에 빠져 있었다.

그리하여 갈렙과 여호수아를 제외한 출애굽 당시 1세대들은 모두 광야에서 죽고 노예근성에 덜 때가 묻은 1.5세와 2세대로서 새로운 생각과 사고를 하는 신세대 사람들에게 가나안 땅을 맡기셨다. 그러나 이들 역시 인간의 한계를 벗어나지 못하는 유한 존재이다. 늙은 모세는 이들을 이끌어 왔지만 들어가지 못하고 가나안 땅을 눈앞에 두고 저들이 젖과 꿀이 흐르는 가나안 땅에 들어가서 이렇게 살아야 한다는 하나님의 명령 마지막 설교를 부모의 심정으로 신명기서를 통해 유언한다.

신명기 17:14절 이후에 하나님은 모세에게 미리 예언의 말씀을 주신다.

"네가 네 하나님 여호와께서 네게 주시는 땅에 이르러서 그 땅을 얻어 거할 때에 만일 우리도 우리 주위의 열국 같이 우리 위에 왕을 세우리라는 뜻이 나거든."

그리고 하나님은 왕을 요구하는 이스라엘에게 왕정 제도를 허락하시면서 분명한 조건을 붙이신다.

첫째, 하나님이 택하신 이스라엘 형제 중에 왕을 세우라. 왕이 잘못 세워지면 아브라함을 통해 약속한 이스라엘 민족이 흩어져 버리기 때문이다.

둘째, 왕은 말을 많이 두지 말라. 말은 힘의 상징이다. 왕이 하나님을 의지하지 아니하고 군대의 힘을 의지하면 하나님을 멀리하게 될 뿐 아니라 말의 본산지인 이집트와 왕래하다 보면 백성이 다시 옛날로 돌아갈까 우려되기 때문이다.

말이 군사적으로 얼마나 중요한지 역사를 통해서도 알 수 있다. 아메리카 인디언들이 소수의 백인들에게 점령당한 이유가 바로 말이 없었기 때문이다. 콜럼버스가 신대륙을 발견할 당시 아메리카 대륙에는 말이 없었다. 말로 무장한 백인들이 말없이 싸우는 인디언들을 쉽게 정복할 수 있었던 이유다.

셋째, 아내를 많이 두지 말라. 왕이 아내를 많이 두면 정사에 열중하기보다 여색에 미혹 당하게 되어 있다.

넷째, 궁정에 금과 은을 많이 두지 말라. 금과 은을 사랑하면 백성의 머리수를 금과 은으로 보게 된다. 히스기야 왕은 결국 금과 은을 자랑하다 앗수르에게 멸망당하기 직전까지 이르게 된 경험이 있다.

다섯째, 왕은 매일 레위 사람 제사장 앞에서 말씀을 등사하여 판단을 바르게 하라. 이 의미는 왕은 제사장에게서 하나님의 말씀으로 견제를 받아야 하며 왕은 제사장과 권력을 분배해야 한다는 것이다. 사울 왕의 폐가 원인은 이런 하나님의 뜻을 모르고 자신이 제사장 역할까지 했기 때문이다.

이 계시의 말씀은 가나안 정복 후 사사 시대 400여 년이 흐른 후 마지막 사사 사무엘 선지자 때에 이르러 비로소 나타난다. 사무엘 선지자의 나이가 많아지고 그의 뒤를 이을 두 아들 요엘과 아비야가 비행을 저지르자 때를 놓칠 세라 드디어 이스라엘 백성들이 왕정 제도를 요구하기에 이른다.

"그에게 이르되 보소서 당신은 늙고 당신의 아들들은 당신의 행위를 따르지 아니하니 열방과 같이 우리에게 왕을 세워 우리를 다스리게 하게 한지라."(삼상 8:5)

이에 사무엘이 하나님께 이 사실을 알리자 하나님은 사무엘에게 이같이 말씀하신다.

"여호와께서 사무엘에게 이르시되 백성이 네게 한 말을 다 들으라. 그들이 너를 버림이 아니요 나를 버려 자기들의 왕이 되지 못하게 함이니라."(삼상 8:17)

결국 가나안을 차지한 이스라엘이 하나님이 다스리는 거룩한 하나님의 나라가 되지 못하고 스스로 가나안화(세속화)되어 세상 나라가 되어 버리고 만 것이다.

그러면 하나님이 왕이신 나라는 어떤 나라인가?

하나님이 왕이신 나라

하나님이 왕이신 나라는 백성이 주인인 국민의 나라다. 백성이 주인인 나라는 주권 국가, 곧 민주 공화정의 나라이다. 백성이 하나님의 자녀(자유인)가 되어 국민의 역할을 하는 나라다. 하나님의 말씀으로 삶에 질서를 잡고 자신에게 주어진 자유 의지를 자신을 위해 사용하는 것이 아니라 다른 사람을 위해 사용할 줄 아는 예수님의 마음(온유와 겸손)을 닮은 사람들이 열심히 땀 흘린 대가로 살고(근면) 스스로 설 줄 알고(자조) 능력에 따라 살다 보면 뒤쳐진 형제를 서로 돕고(협동) 사는, 자신의 일은 자신이 해결하는 진정한 자유인들이 사는 나라다.

세상에 이런 나라가 가능할까? 성경은 가능하다고 말한다.

"오직 너희는 택하신 족속이요 왕 같은 제사장들이요 거룩한 나라요 그의 소유된 백성이니 너희를 어두운 데서 불러내어 그의 기이한 빛에 들어가게 하신 자의 아름다운 덕을 선전하게 하심이라."(벧전 2:9)

국민 모두가 왕이요, 제사장인 나라를 상상해 보라. 하나님의 말씀으로 자유인이 되면 모두가 왕 같은 제사장 같은 역할을 한다. 여기에 어디 타율이 있고 피동이 있고 강제가 있는가? 모두가 자율에 맡겨도 잘 사는 세상이 바로 왕 같은 제사장들이 사는 나라다.

플라톤의 국가론에 "기게스의 반지"가 나온다.

전설에 의하면 기게스라는 사람은 리디아의 왕 칸다울레스를 섬기는 목동이었다. 어느 날 기게스가 양을 치고 있었는데 갑자기 커다란 지진이 일어났다. 지진이 일어난 자리에는 땅이 갈라져 동굴이 생겼고, 이에 기게스는 호기심이 생겨 갈라진 동굴 속으로 들어가게 된다. 동굴 안에서 기게스는 죽어 있는 거인의 시체가 놓여 있는 것을 발견하였다. 시체에는 금반지가 손가락에 끼워져 있었다. 기게스는 거인의 손가락에서 반지를 빼들고 밖으로 나왔다. 그러다 양치기 기게스는 우연히 자신이 끼고 있는 반지의 흠집 난 곳을 안으로 돌리면 자신은 투명인간이 되고 밖으로 돌리면 자신의 모습이 다시 나타난다는 사실을 알게 된다. 이제 '보이지 않는 힘'을 갖게 된 기게스는 야릇한 마음을 먹게 되었다. 가축의 상태를 왕에게 보고하는 전령으로서 궁전에 들어간 기게스는 자신의 새로운 힘인 마법 반지를 이용하여 투명하게 된 후, 왕비를 간통하고, 칸다울레스 왕을 암살하여 왕위를 찬탈하고 스스로 리디아의 왕이 되었다는 이야기다.

플라톤은 여기에서 기게스의 반지 이야기를 통해 일반인이 만약 그 자신이 이런 상황에 놓였을 때 어떻게 행동할 것인가에 대해 묻고 있다.

각자에게 주어진 양심을 어떻게 사용할 것인가 묻고 있다. 왕 같은 제사장의 나라, 곧 하나님이 다스리는 나라는 이런 마법의 반지를 끼어도 각자가 하나님이 주신 양심에 따라 사는 그런 나라다. 그곳은 자유인의 나라 곧 하나님이 왕이신 나라다.

이스라엘의 왕정 국가

세상 왕을 요구하는 백성들에게 사무엘 선지자는 왕을 세우면 백성이 어떻게 될 것인지를 알려준다(삼상 8:10-18). 결론은 백성은 모두 왕의 노예가 된다는 것이다. 즉 백성이라는 단어 자체가 왕으로부터 성을 하사받은 왕의 노예라는 의미이다. 군사로서의 노예, 왕의 궁정에서 시중드는 노예, 모두가 왕의 노예로 전락하고 모든 권력은 왕에게 집중된 독재주의 국가가 되고 만 것이다. 그래도 좋으냐는 사무엘의 질문에 백성들은 자신들은 왕의 노예가 되어도 좋으니 열방과 같이 왕을 달라고 떼를 쓴다. 이스라엘은 하나님이 다스리는 왕 같은 제사장의 나라가 아니라 세상 나라들처럼 왕이 다스리는 나라가 되고 말았다.

사울 왕과 다윗 왕의 차이, 권력 분립

사무엘 선지자는 하나님의 명령대로 사울을 이스라엘의 초대 왕으로 세웠다. 베냐민 지파 사람인 사울 왕은 초기에는 이스라엘을 대표하는 왕의 역할을 잘 감당해 나갔다. 그러다가 블레셋 군대가 믹미스에 진을 치고 사울이 수도로 삼은 길갈까지 밀고 올 태세이자 이들과 전쟁을 하기 위하여 사무엘 제사장 겸 선지자에게 하나님께 제사를 드릴 것을 요청했다. 사무엘이 더디 오자 백성들은 요동하고 군사들은 군열에서 이탈하는 다급한 상황이 벌어진다. 이에 기다리지 못한 사울 왕이 자신이 직접 제사를 집전하고 만다. 여기에 엄청난 하나님의 뜻을 범한 잘못이 있음을 인지해야 한다.

신명기 17장에는 하나님이 모세에게 왕정 제도를 허락하실 때 여러 조건 중 가장 중요한 대목이 있었음을 기억해야 한다.

> "그가 왕위에 오르거든 레위 사람 제사장 앞에 보관한 이 율법서를 등사하여 평생에 자기 옆에 두고 읽어서 그 하나님 여호와 경외하기를 배우며 이 율법의 모든 말과 이 규례를 지켜 행할 것이라."(신 17:18, 19)

이 말의 뜻은 왕에게 백성을 다스리는 권력을 주되 제사장과 역할 분담을 하라는 의미이다. 오늘날 민주주의의 근간인 권력의 분리를 요구하고 있다. 완전한 3권 분립의 체제는 아니지만, 견제와 균형의 차원에서 왕은 제사장의 견제를 받도록 한 것이다. 그 이유는 하나님은 레위 지파인 제사장 제도를 중요시 여기기 때문이다. 제사장은 하나님과 이스라엘 백성을 연결하는 중보자 역할을 한다. 그래서 특별히 레위 지파 중에서도 아론의 후손들을 제사장으로 삼게 한 것이다. 하나님의 뜻을 백성들에게 전하는 역할이 제사장의 역할이다. 이 제도가 무너지면 하나님의 언약 즉, 신앙의 체계가 무너지기 때문이다. 그래서 왕권과 제사장권을 분리하여 왕에게 권력이 집중되지 않도록 배려한 것이다. 이 뜻을 이해하지 못한 사울 왕이 제사까지 지냈으니 하나님 앞에서 사울 왕이 폐위당한 이유다. 사울의 무지함이 오늘날 자유 민주주의가 어떻게 작동하는지 알지 못하고 삼권분립을 무시하고 모든 권력을 자신이 가지려고 하는 권력자가 있다면 사울 왕의 재앙이 임하게 될 것이다.

다윗 왕과 사울 왕의 차이가 바로 여기에 있다. 다윗은 하나님의 이 뜻을 알고는 레위 지파의 제사장권을 강화하는 법안을 만들어 제사장을 24반차로 나누어 철저히 성전을 관리하고 제사 집전에 최선을 다하도록 배려했다. 이 제도는 바벨론 포로 이전까지 지켜졌고 예수님 당시 세례 요한의 아버지인 스가랴가 24반차를 좇아 제사장직을 맡아 지성소에 들어간 기록이 나타난다.

또한 다윗은 밧세바를 범한 죄를 지었을 때 나단 선지자에게, 군대의 숫자를 계수하는 것을 금한 하나님의 명령을 어기고 군대 숫자를 센 연유로 하나님의 징계를 받을 때의 갓 선지자의 훈계 앞에 무릎을 꿇는 모습을 통해 다윗이 얼마나 하나님의 말씀에 순종하는 왕이었고 하나님의 뜻인 권력 분립을 실천한 왕이었는지 알 수 있다.

상생인가 공생인가?

기독교가 민주주의 뿌리라는 말은 기독교는 권력(Power)을 추구하는 세력이 아니라 권력을 서로 나눔으로써 상생을 추구한다는 생활의 태도를 가지고 있기 때문이다. 예수님은 이 땅에 오셔서 권력을 추구하지 않으셨다. 그분의 낮아지는 모습을 통해 사람들은 그분의 권위(Authority) 앞에 무릎 꿇고 말았다.

동양 철학에 음양오행설이 있다. 오행이란 역학(易學)에서 우주 만물의 걸음걸이를 가리키는 것이다. 오행을 한 글자 한 글자 분석해보면 다섯 오(伍)자에 다닐 행(行)자로 구성된 것을 알 수 있다. 다닐 행자는 걸음걸이라는 뜻이다. "木 → 火 → 土 → 金 → 水" 우주 만물의 다섯 가지 걸음걸이, 그것이 바로 오행의 의미이다. 여기에서 걸음걸이라는 말은 바로 만물이 지나가는 방향, 만물의 상태가 변화하는 양상을 가리킨다. 사람은 배가 고파지기도 하고 졸립기도 하고 행복해지기도 한다. 이것을 배가 고픈 길을 걷고, 졸린 길을 걷고, 행복한 길을 걷는 것이라고 해석할 수 있는데, 이와 같이 우주 만물은 어떠한 변화의 길을 걷게 된다. 그 변화의 길에서 원칙을 찾아냈고, 그것을 오행이라고 이름 붙인 것이다.

목생화(木生火): 나무는 불을 낳는다. 나무에서 불이 난다.

화생토(火生土): 불은 흙을 낳는다. 불이 나면 재가 나와 흙이 된다.

토생금(土生金): 흙은 쇠를 낳는다. 흙이 녹으면 쇠가 나온다.

금생수(金生水): 쇠는 물을 낳는다. 쇳물이 녹으면 물이 물처럼 변한다.

수생목(水生木): 물은 나무를 낳는다. 물은 다시 나무를 살린다.

그러나 상생이 거꾸로 가면 상극이 된다. 불은 오히려 나무를 태워 죽이고, 불에 흙을 부으면 꺼져버리고 쇠가 흙으로 들어가 버리면 흙은 굳어져 버린다. 그리고 물은 쇠를 단단하게 하고 나무가 없으면 흙도 거칠어져 사막이 되고 만다.

상생은 나만 사는 방법이 아니라 나도 살고 너도 사는 서로 잘 사는 방법이다. 사람이 살아가는데 필요한 사랑의 관계를 보면 에로스(Eros)의 사랑은 남녀가 서로 주고 받는 사랑이고 스토르게(Storge)의 사랑은 친족과 부모 형제의 사랑, 필리아(Philia)의 사랑은 우정 관계의 사랑으로 모두 서로 주고받기(give and take)의 사랑인 반면, 아가페(Agape)는 오직 주기만 하는 사랑이다. 그래서 예수님의 사랑을 아가페 사랑이라고 한다.

오행이 나가는 길을 보면 주기만 하고 반사이익을 기대하지 않는 행보다. 만약 돌아올 걸 기대한다면 오히려 상극으로 가고 만다. 예수 그리스도의 사랑이 상생의 삶이다. 줄줄만 알지 주면서 무엇을 받을까 기대하지 않는다.

그러나 공생은 다르다. 자기들끼리만 잘 살려는 행동이다. 악어와 악어새의 관계에서 악어새는 악어의 이빨 사이에 끼어 있는 음식 찌꺼기를 청소해 주고 악어는 언제든지 악어새에게 먹이를 공급한다. 악어새가 오면 악어는 잡아먹으려 하지 않고 오히려 입을 벌려준다. 둘만이 잘 산다. 공생에 물들어 버리면 끼리끼리 문화가 형성되고 집단화되어 진영 논리에 빠지게 된다. 대표적인 집단이 민노총, 전교조 등 좌파 집단이다. 이들은 상대 이데올로그가 실수하면 죽일 듯 달려들다 가도 자신들의 실수는 눈감아주고 오히려 칭찬해 준다. 이것이 공생이다. 이들이 공생의 생태계를 만들기 위해 원자력 발전소를 폐쇄하고 태양광 발전을 목숨 걸고 확대하려고 한다.

공생이 일반화되면 국민들 사이에 NIMBY(Not In My Back Yard) 현상이 나타난다. 국가의 공공시설이 자신의 지역에 설립될 때 자기에게 필요한 시설만 찬성한다. 전기는 가장 많이 소비하면서도 원자력 발전소는 우리 동네는 못 들어온다. 자기 부모님은 양로원에 모셔 놓고 우리 동네에 양로원이 들어서는 것은 반대한다. 이 밖에 고아원, 혐오시설 등의 설립을 자기 동네에 못 들어오게 하는 이런 얌체 국민이 늘어나게 된다.

예수님의 상생의 사랑을 배워야 한다. 그래야 자유 민주주의, 시장 경제주의를 누릴 수 있는 자격 있는 국민이 된다. 예수님의 삶을 배우기 위해서는 주고 나누는 태도를 배워야 한다. 주고 나누는 모습이 상생이다.

다윗이 아무리 막강한 권력을 가지고 있다 할지라도 하나님의 뜻은 이 권력을 나누기를 원하신다. 이것이 삼권분립의 낮은 단계의 형태다. 인간의 이성은 불완전한 것이기에 완전한 권력은 완전한 타락을 낳기 때문이다. 권력 타락의 대표적인 역사가 로마 가톨릭의 중세 시대다. 로마 교황의 권력은 왕권과 제사장권을 완전 장악하여 무소불위의 권력을 바탕으로 중세 시대를 암흑기로 만들고 말았다.

이것이 전체주의 대표적인 예다. 전체주의는 강제와 억압을 통해 개인생활의 모든 측면을 통제하고 지시하고자 하는 강력한 중앙집권 통치라는 특징을 갖고 있다. 로마 교황의 전체주의적 압박에서 벗어나고자 종교개혁이 일어났고 이 종교개혁으로부터 개인의 자유가 싹을 트고 개인주의의 틀 안에서 민주주의 체제가 다시 뿌리 내릴 무렵, 이탈리아의 무솔리니에 위한 파시즘, 히틀러 통치하의 전체주의 국가 나치 독일(1933-45)과 스탈린 통치하의 전체주의 국가 소련(1924-53)은 포퓰리즘을 등에 업고 나타나게 되었다. 나치나 소련 공산당은 압도적 대중적 지지를 정권 장악의 기반으로 사용하였는데, 이는 자연발생적으로 생겨나는 것이 아니라 카리스마적인 독재자를 내세워 만들어지는 것으로서 근대적인 문화, 교육, 언론, 국제 스포츠 등의 콘텐츠, 그 밖의 선전, 선동(propaganda)을 통해 구축한다. 이를 위해 전체주의 독재자들은 대중들의 민족의식과 국가주의를 고취시키고, 도로, 철도, 공항, 항만, 국제 대회의 유치 등 외적 성장에 국력을 집중시킴과 동시에 경찰 및 유사 경찰을 동원한 공포 정치로 법치주의와 인권을 말살해 사회적 불만을 억누르며, 이러한 불만을 특정 종족·계층·출신 지역을 선택적으로 차별하거나 적폐 청산이라는 프레임을 만들어 이에 연루되어 있다는 비판을 조장하여 통제하려 든다.

현재 한국의 좌파 정권이 왜 태양광 사업에 열중하고 반일, 반미적 행태를 취하고 문화계 교육계 경제계 등을 손에 넣어 자신들의 입맛에 맞추게 하는지, 그리고 대통령이 아무 할 일 없이 다니며, 반기는 나라도 없는데 외국 방문을 자주 하는지, 또한 적폐 청산이라는 프레임을 왜 만들었는지, 왜 공수처에 목숨을 걸고 있는지를 이해할 수 있는 것이다.

목회자에게 맡겨진 선지자권과 제사장권

다윗의 위대함은 다른데 있는 것이 아니라 바로 자신의 권력을 하나님의 사람인 제사장이나 선지자의 견제를 받아들인 데 있다. 이것이 정치다. 정치는 권력을 서로 견제하면서 균형을 맞추어 나가는 것이다. 비록 다윗이 무소불위의 권력을 휘두를 수 있는 힘이 있다 할지라도 이를 견제하는 사람의 말을 들을 수 있는 귀가 있었다는 것이다. 참 정치는 잘 정제된 권력으로 서로 견제와 균형을 맞추어 나가는 것이다. 그래서 정치는 견제와 균형(Check and Balance)의 예술이다.

구약 시대의 특징은 성전 제사를 위해서 제사장이 세워져 하나님의 법도를 지키게 하였고 또 다른 한 가지 특징은 선지자 또는 선견자의 역할이 있었다는 것이다. 이 두 가지 역할이 왕이 정치를 잘못하여 하나님의 길에서 벗어날 때 가차 없이 왕을 꾸짖어 세상이 하나님의 뜻대로 옳은 길로 가도록 하는 것이었다. 엘리야, 엘리사, 이사야, 예레미아 등 대선지자와 소선지자들의 역할은 정치가 잘못 될 때 왕을 향해 때로는 세상을 향해 하나님의 말씀으로 세상을 바로 잡는 역할이었다.

오늘날 이 역할을 해야 하는 사람이 바로 목사다. 목사는 크게 두 가지의 권한을 갖는다. 하나는 성도를 말씀으로 양육하여 바른 예배를 드리도록 하는 제사장권이요, 다른 하나는 세상이 그릇된 길로 갈 때 세상을 향하여 지적하여 옳은 길로 인도하는 역할을 하는 선자자권이다. 만약 목회자가 이 권한을 사용하지 않으면 하나님 앞에 직무 유기죄를 짓는 것이다. 교회는 세상의 등불이다. 예수님은 '너희는 세상의 빛과 소금이니라'(마 5:13, 14)고 말씀하셨다. 세상이 어두워졌는데도 불을 밝히지 못하는 등대가 있다면 용도폐기 돼야 한다. 세상이 썩어 가는데도 소금의 역할을 하지 못한다면 소금은 버려져 세상 사람들에게 밟히고 마는 것이다. 오늘날 교회가 세상 사람의 발에 밟히는 소금이 되어 하나님의 이름을 망령되이 하고 있지 않은지 회개해야 할 때이다.

교회는 세상의 빛이다. 교회가 어두워지면 세상이 어두워진다. 한국 교회는 과연 세상의 등대 역할을 하고 있는가? 한국 사회가 올바른 길로 가고 있다고 생각하는 사람이 별로 없을 것이다. 무엇이 문제인가? 문제는 교회다. 그 이유를 살펴보자.

대한민국은 이승만 초대 대통령을 통해 기독교 입국론으로 세워진 나라다. 대한민국이 건국될 당시 일인당 국민 소득이 34불 정도로 전 세계 최하위 국가였다. 오죽 못 먹고 살았으면 '밥 먹었냐'는 인사가 아침 인사인 나라였겠는가? 초대 대통령이 세운 경제의 기반 위에 나라를 부국시킨 박정희 대통령 당시 온 국민의 정신이 "우리도 한 번 잘 살아보세"였다. 7,80년대를 거치며 한국 교회의 간절한 기도도 잘 살게 해 달라는 것이었다. 잘 살게 해달라는 간절한 기도 속에 숨겨져 있는 사탄의 덫이 숨겨져 있다. 그것이 물질 만능주의인 맘모니즘(Mommonism)이다.

한국 교회의 가장 큰 문제는 목사들의 정신, 목회 자세다. 목회의 가장 큰 사명이 성도를 영적으로 하나님의 자녀로 양육하는 것이다. 그러나 목회의 방향이 영적 양육으로 교회가 성장되면 금상첨화이겠지만 영적 부흥이 아니라 양적 부흥만이 되었기에 큰 문제다. 교회 성장은 곧 숫자적 부흥이다. 교회 수적 성장이 곧 목회자의 최대 목표가 되고 말았다. 교회 성장이 목회자의 능력을 판단하는 기준이 되고 말았다. 여기에는 하나님의 영성이 없다. 성경도 돈과 하나님을 동시에 섬길 수 없다고 했다. 교회의 목적은 성도의 마음을 하나님께 돌리게 해 살아계신 하나님의 말씀대로 거룩한 영적 삶을 살게 하는 것이다.

맘모니즘에 빠져버린 교회는 사탄의 밥이 되고 만다. 교회가 교회 성장에 매몰되어 있는 가운데 교인들의 정신을 파고든 것이 거짓 민주화를 들고 들어온 좌경화다. 목사가 하나님을 보고 목회를 해야 함에도 교인의 눈치를 보며 목회한 결과다. 설교 한 마디 잘못해서 교인 하나라도 떨어져 나갈까 봐 바른 말을 못한다. 이것이 교회가 좌경화되는 역할을 하게 된 것이다. 목사는 교인 한 영혼 한 영혼의 영적 상황을 하나님께 보고해야 할 책무를 가지고 있다.

"너희를 인도하는 자에게 순종하고 복종하라. 저희는 너희 영혼을 위하여 경성하기를 자기가 회계할 자 인 것 같이 하느니라. 저희로 즐거움으로 이것을 하게 하고 근심으로 하게 말라. 그렇지 않으면 너희에게 유익이 없느니라."(히 13:17)

목사는 교인의 영적 무게를 주님 앞에서 회계해야 할 책무가 있다. 그러므로 목사는 매일 교인 한 명 한 명의 이름을 부르며 그들의 영적 삶을 위해 기도해야 한다. 만일 목사가 교인의 이름을 알지 못한다면 그 양은 자신의 양이 아니다. 목자가 자기 양을 못 알아보는데 어찌 자기 양이라고 말 할 수 있겠는가? 목자가 양의 이름을 부르면 양이 목자의 음성을 알아듣고 목자를 따라간다(요 10:4-5). 그래서 양이 늑대의 위험에 처했을 때 양을 위해 생명을 내놓을 수 있는 목자가 참 목자다.

목사의 직무는 이렇게 교인을 영적으로 양육하는 양육권과 더불어 세상이 잘못되어 양들이 힘들어 하면 세상을 향해 쓴 소리를 할 수 있는 선지자권을 가지고 세상이 올바른 길로 가도록 세상을 향해 외쳐야 한다는 것이다. 이것이 하나님이 이스라엘에게 왕정제도를 허락하면서 왕과 제사장에게 권력을 서로 견제하라는 명령이다. 목회자는 당연히 정치권력을 갖고 있지는 않지만, 정치인이 옳은 길을 가도록 지적해야 그 사명을 다하는 것이다.

교회는 Power(권력)가 아니라 Authority(권위)를 가져야 한다.

교회는 세상을 향하여 빛과 소금 역할을 해야 할 책임과 의무가 있다. 그래서 교회는 늘 세상을 향하여 걱정하고 기도해야 한다. 교회와 세상의 관계는 배와 물의 관계와 같다. 배는 물이 없으면 아무런 효용이 없다. 배는 물이 있어야 뜰 수 있다. 그러나 물은 배를 띄울 수도 있지만 배를 가라앉힐 수도 있다. 그러므로 배는 늘 물이 잔잔하도록 기도해야 한다. 그러나 교회가 이 사명을 잃고 물과 하나가 되면 배는 물에 침몰하고 만다. 배는 물과 구별되어 있을 때 항해가 가능하다. 물과 하나가 되는 순간 침몰이다. 배가 물과 구별되기 위해서는 power(힘)가 아니라 authority(권위)가 있어야 한다. 힘은 내가 추구하는 것이지만 권위는 다른 사람이 인정해 주는 것이다.

예수님은 이 세상에 오셔서 권력을 추구하지 않으셨다. 오히려 그를 따르는 추종자들은 예수님을 세상 왕으로 추대해 자신들이 그 권력을 이용하려 했다. 가롯 유다는 열심당원이었다. 열심당원은 그 당시 로마로부터 정치적으로 독립하기 위해 활동한 독립운동가다. 그는 예수님의 힘을 이용해 독립을 꾀하다 예수님의 뜻을 알고 예수님을 배반한 사람이다. 예수님은 세상 의(power)를 가지려 오신 분이 아니라 오히려 낮고 낮은 곳으로 임하실 때 하나님의 권위(Authority)로 일하신 분이다.

마찬가지로 교회는 세상의 권력을 위해 존재하는 것이 아니라 오히려 낮은 곳에 임할 때 세상은 교회에 권위를 부여한다. 미국의 교회나 목회자들은 정치인들의 멘토다. 어떻게 이런 현상이 현실화될 수 있을까? 예수님처럼 Power를 버리고 낮은 곳에 임하라. 그러면 교회에 Authority가 주어질 것이다. 그리고 세상을 위해 기도하라. 세상이 옳은 길을 가도록 세상을 향해 외쳐라. 이것은 정치 행위가 아니라, 하나님이 부여한 교회의 의무다. "일어나라 빛을 발하라." 어디에? 세상을 향해….

"하나님이 세상을 이처럼 사랑하사 독생자를 주셨으니."(요 3:16)

06

자유 민주주의의 나무는
기독교의 뿌리에서 자란다

하나님이 주신 고귀한 선물
자유

06

자유 민주주의의 나무는
기독교의 뿌리에서 자란다

현대 문명사회가 역사적 투쟁을 통해서 끊임없이 추구하는 인류 보편적 가치관은 한 개인으로 태어나 자신의 자연권을 지키고자 하는 자유, 생명, 평등, 행복 추구권을 지키고자 하는 권리이다. 이는 조물주가 부여한 인권이기에 그 누구도 한 개인에게서 이 권한을 빼앗을 수 없다. 가족도 사회 구성원도 국민도 세계인으로 한 일원도 개인의 탄생으로부터 시작되기 때문이다.

로마 가톨릭에 의해 억압받던 개인의 자유가 마틴 루터의 종교개혁 이후 성경에 나타난 진정한 하나님의 뜻을 깨달은 종교개혁가들에 의해 개인의 인권이 서서히 그 성경이라는 뿌리로부터 싹이 자라기 시작했고 유럽에서 신앙의 자유를 찾아 신대륙으로 건너 온 청교도들의 후예인 미국의 건국 아버지들(Founding Fathers)은 독립선언서 2장에 이 사실을 명확하게 명시해 놓고 있다.

"우리는 다음과 같은 것들을 자명한 진리로 믿는 바, 즉 모든 사람은 평등하게 창조된다는 것, 그들은 창조주로부터 양도할 수 없는 일정한 권리를 부여 받는다는 것, 그리고 이에는 생명, 자유 및 행복의 추구 등이 포함된다는 것, 이러한 권리를 확보하기 위해 인간들 사이에 정부들이 수립되며, 이들의 정당한 권력은 피치자의 동의에 연유한다는 것, 어떠한 형태의 정부라도 그러한 목적들을 파괴하는 것이 될 때에는 그 정부를 바꾸거나 없애버려 새 정부를 수립하되, 국민들에게 자신들의 안전과 행복을 가장 잘 이룩할 것처럼 보이는 그런 원칙들에 입각하여 그 토대를 마련하고 또 그런 형태하에 권력을 조직하는 것이 국민의 권리라는 것 등이다."

미국의 건국 이념인 이 자연권은 창조주가 부여했기에 천부 인권 사상이다. 이 인류 보편적 인권 사상의 근원이 무엇인가를 생각해보는 것이 중요하다. 서양의 철학과 사상의 근본은 그리스 문명의 헬레니즘과 구약 이스라엘의 정신세계인 헤브라이즘이라고 크게 나누어 볼 수 있다. 세계 정신사적 문명을 이분법으로 나누는 것이 합리적인 것은 아니지만 대체적으로 천부 인권 사상은 크게 두 문명의 가치관에서 뿌리를 찾을 수 있겠다.

자유(Freedom)

자유와 생명 가치의 중요성의 근원은 바로 성경적 가치관이고 평등권과 행복 추구권의 가치관은 주로 헬레니즘의 영향 속에서 자라났다. 로마 황제 콘스탄티누스가 기독교를 로마의 국교로 받아들임으로 헬레니즘의 철학적 사회 가치관 요소와 기독교 복음적 가치관이 융화되면서 현대 인류 보편적 가치관은 기독교의 확장과 함께 유럽의 문명을 이끄는 원동력이 되어 왔다.

물론 인류 보편적 가치관이 헬레니즘과 헤브라이즘에서만 왔다고 확정하는 것 자체가 무리이기는 하지만 하나님의 진리는 인류의 조상 아담과 하와를 뿌리 삼아 왔기에 하나님이 인간에게 부여한 진리는 세상이 발전하고 국가가 나뉘어도 성경에 바탕을 둔 인권적 가치는 인류 보편적 가치로 전 인류에게 면면히 이어지게 되는 것이다.

성경은 창세기 1장부터 요한계시록 22장까지 전체가 자유로 시작하여 자유의 회복을 소망하며 끝나는 책이다. 창세기의 시작 "태초에 하나님이 천지를 창조하시니라"는 하나님이 만드신 세계는 시간과 공간으로 이루어져 있지만, 하나님의 말씀을 따라 살면 이 시간과 공간을 초월하여 존재하는 하나님의 세계, 곧 영생의 세계로 가게 된다는 시작을 의미하며 요한계시록 22장 "주 예수여 어서 오시옵소서"는 예수님 어서 재림하셔서 하나님의 의를 위해 이 세상의 악한 사탄의 영들과 싸우다 피 흘린 하나님의 자녀들을 해방시켜 영원한 천국으로 인도해 달라는 간절한 소망의 기도로 끝이 난다.

이 해방이 자유이고 성경은 하나님이 주시는 자유에 대한 간절한 소망의 책이다. 구약 말씀 중 이 자유의 개념을 잘 표현한 이스라엘의 희년 제도가 있다. 하나님은 레위기 25장에서 희년 제도를 선포하신다.

희년으로 쓰이는 어휘는 영어 Jubilee다. 이 단어는 히브리어 숫양 (요벨, Jobel)의 음역과 비슷한 데서 유래되었다. 요벨이란 뜻은 숫양 혹은 숫양의 뿔로 만든 나팔을 말한다. 출 19장 13절에 하나님이 시내 산에 강림하실 때에 불었던 나팔이 곧 요벨(יבל)이다. 이스라엘 풍습에서 산양의 뿔로 만든 양각 나팔은 50년에 한 번씩 맞이하는 희년에만 사용되었다. 요벨을 희년으로 부르게 된 것은 이런 양각 나팔이 특별한 하나님의 은혜가 선포되는 해에 불리워졌기 때문에 이 악기 이름을 따서 '요벨' 혹은 '요벨의 해'로 부르게 된 것으로 곧 해방, 자유의 선포 해를 의미했다.

레위기 25장 10절에서 오십 년이 되는 해를 성별하여 온 땅에 자유를 선포하고 이스라엘 거민은 각기 자기 유산과 가족에게로 돌아가게 한다. 이스라엘 백성이 가나안 땅에 들어와 약속의 땅을 각 지파에 따라 분배 받았을 때를 기점으로 하여 일곱 번째의 안식년을 지난 다음 해인 즉 오십 년이 되는 해에는 이미 일곱 번째의 노예 해방과 부채 면제가 실시된 후이므로 이때를 기준하여 오십 년 전 본래 상태로 원상회복을 기도하는 것이다. 하나님의 뜻에 따라 새로운 삶의 활력소를 갖고 새 출발을 할 수 있는 계기가 되는 때이다.

50년 단위의 시간 구분은 7년 단위를 기초로 한 농경 사회의 시간 구분으로 안식년에 그 기초를 두고 있다. 안식년에는 하나님과의 계약 공동체의 일원으로서의 이스라엘 백성이 타인의 노예가 되는 것을 방지하고 부채를 면제하여 경제적 약자의 보호를 꾀하려는 안식년 법을 더욱더 강화하여 오십 년 되는 해에는 인간의 기본권을 되찾고 하나님이 주신 기업으로 되돌아가는 것을 원칙으로 한 것이다. 50년에 한 번씩 원상회복을 한다는 의미에서 "50년 되는 해"란 희년에는 히브리 종들이 자유케 될 뿐 아니라 영원한 종도 영원한 거지도 없는 하나님이 주신 시작, 원래의 상태, 하나님의 은혜로 돌아간다는 것을 의미한다. 이것이 이스라엘이 애굽의 노예로부터 해방을 의미하는 출애굽의 의미이며 약속의 땅 가나안은 하나님이 다스리시는 자유의 땅 곧 젖과 꿀이 흐르는 땅이 되는 것이다.

희년-자유의 해(The Years of Freedom)

희년은 자유를 선포하는 것을 의미한다. 겔 46:17에 희년을 "드로르"(דרור)란 단어로 쓰는데 이는 자유나 해방을 뜻하는 말이다. 드로르(liberty)가 선포될 때에는 노예가 해방되고 해방된 노예는 그의 본래 기업으로 돌아가게 된다. 유다의 마지막 왕인 시드기야 왕이 드로르를 선포했을 때 노예가 잠정적으로 해방은 됐지만 예루살렘 지배층의 반발로 무산되고 말았다(렘 34:1,17). 드로르의 해방의 의미는 가난 때문에 노예가 되었던 자가 신체적 자유만을 얻었다 할지라도 이는 완전한 의미에서의 해방이 아니다. 가난 때문에 다시 노예가 될 가능성이 있기 때문에 신체의 자유가 허락되었다 할지라도 자기의 생활 터전과 자기 재산도 있어야만 된다는 것이 드로르의 기본 취지이다.

49년간 세월이 흐르는 동안에 계약 공동체는 빈익빈 부익부의 현상으로 부와 힘의 편중이 극대화되지만, 50년째에는 드로르가 선포되므로 이런 불균형이 시정되어 본래의 하나님의 뜻에 합당한 공동체가 형성되는데 그 의의와 목적을 두고 있다. 이렇게 모든 것이 하나님이 주신 자유로 다시 돌아가는 것을 "은혜의 해"라 부르며 예수님의 재림은 곧 영원한 은혜의 해, 자유를 되찾는 해이다. 예수님의 초림의 목적도 이와 같다. 성경 이사야 61장 메시야의 소명장에 메시야가 오시는 이유를 말하고 있다.

> "주 여호와의 신이 내게 임하셨으니 이는 여호와께서 내게 기름을 부으사 가난한 자에게 아름다운 소식을 전하게 하려 하심이라 나를 보내사 마음이 상한 자를 고치시며 포로된 자에게 자유를 갇힌 자에게 놓임을 전파하며."(사 61:1)

여기서 말하는 가난한 자의 의미는 경제적으로 어려운 자를 해방시키는 Liberty의 자유를 말하는 것이 아니라 심령이 가난한 자에게 주는 Freedom의 자유라는 사실을 잊어서는 안 된다.

예수님도 이 귀절을 인용하시면서 눅 4:21에 "오늘날 너희 귀에 응하였느니라."고 말씀하시고 당신의 오신 이유를 증거하신다. 예수님이 이 땅에 오신 이유는 자명해 진다. 바로 죄로 말미암아 사탄의 포로된 우리를 해방시키셔서 영원한 Freedom의 자유를 회복시키기 위하여 오신 것이다.

생명(Life)

하나님은 살아있는 모든 피조물에게 생명을 주셨다. 그러므로 모든 생명의 주인은 하나님이다. 생명의 주인이 하나님이기에 인간은 자신의 생명뿐 아니라 다른 생명도 소중히 여기고 그 생명의 주인이 생명을 거두어 가기까지 최선을 다하는 것이 생명을 주신 분에 대한 예의이다.

생명(生:살다 + 命:명령 = "잘 살아라"는 명령)이란 단어를 한문으로 풀어보면 "살라는 명령이다." 이는 생명을 주신 분의 '잘 살아야 한다'는 당부와 명령이다. 이왕 이 땅에 생명으로 왔으면 생명을 주신 분의 뜻대로 그 소명을 다하고 살아야 하는 것이 생명의 의미이다. 창 1:28에 하나님은 아담과 하와를 지으시고 그들에게 복을 주시며 생육하고 번성하고 땅에 충만하라, 땅을 정복하라고 명령하시며 모든 생물을 다스리라는 권한을 주셨다. 이 말을 한 마디로 줄이면 "잘 살아라"이다. 생명을 주신 분은 그 생명이 이 땅에서 다 할 때까지 생육하고 번성하고 땅에 충만하여 정복하고 다스리라고 명령하신 것이다. 이 명령을 받들어 현재도 모든 어른들의 최고의 덕담이 "잘 살아라"이다. 멀리 자식을 보내는 부모의 마음도, 시집 장가를 보내는 부모의 심정도, 친구와 오래 떨어질 때 서로 손 잡고 하는 인사도, 외국으로 이민을 가고 보내는 이들의 최고의 덕담도 "가서 잘 살아라"이다. 이것은 생명을 주신 하나님이 우리에게 생명을 부여할 때 하신 말씀이기에 모든 인류의 보편적 덕담이다.

그런데 여기에 하나님의 깊은 뜻이 숨겨져 있다. 모든 생명은 생육하고 번성하고 땅에 충만하기 위해서는 하나님이 주신 복인 "본능"을 최대한 사용해야 한다. 그 본능을 사용하지 않으면 이 명령을 이룰 수가 없다. 하나님이 인간에게 생명을 주시면서 부수적으로 주신 선물이 "욕심"이다. 하나님의 명령대로 생육, 번성하여 땅에 충만하기 위해서는 복으로 주신 욕심이 없으면 안 된다. 이 욕심이란 단어의 의미가 나쁜 것이 아니다. 누구든지 욕심이 없으면 생육하고 번성하고 땅에 충만할 수 없다. 이 욕심이 무엇인가? 성욕, 식욕, 수면욕, 소유욕 등이다. 이것들이 없으면 어떻게 자식을 낳으며 어떻게 건강을 유지하며 잠을 안자고 어떻게 휴식을 취하며 어떻게 가족을 이루며 땅에 충만하게 되겠는가? 인간에게 있는 욕심이 문제가 아니라 욕심이 잉태하도록 본능을 컨트롤 할 수 있는 능력이 인간에게는 부족하다는 것이 문제다. 인간이 불완전한 존재라는 이유가 바로 여기에 있다. 욕심을 조절하고 절제하도록 하기 위해 하나님은 인간에게 사회라는 테두리 안에서 살도록 제약을 주신다.

그래서 인간은 사회적 동물이다. 인간은 가장 기초적인 사회인 가정과 자신이 속해 있는 또래 집단, 사회를 통해 인간의 욕심을 조절하며 살게 된다. 인간이 사회를 이룰 때 사회적 규범이 나오고 윤리와 도덕이 생겨난다. 인간 스스로 이 욕심을 조절하지 못하면 법으로 인간의 욕심이 통제받게 된다. 인간에게 필요한 사회 규범 및 윤리 도덕 더 나아가 법률이 필요한 이유다. 만약 하나님이 복을 주시면서 금욕하라고 하셨다면 하나님의 명령 자체가 이율배반적인 말이 된다. 인간은 하나님이 주신 복대로 반드시 생육하고 번성하고 땅에 충만해야 한다. 그러나 인간은 스스로 이 문제를 해결할 수 없기에 인간사에 불행과 죄악이 넘치게 되었고 이를 해결하기 위해 하나님은 예수님을 보내셨고 그의 영이신 성령을 통해 인간의 욕심을 조절 받고 살도록 하셨다. 성령만이 죄의 소욕을 조절할 수 있기 때문이다.

죄의 본질

욕심은 인간의 자연스런 본능이다. 이를 사용하여 하나님의 뜻을 이루어야 한다. 문제는 이 욕심을 조절하는 능력이 인간에게는 없기 때문에 하나님은 이를 조절하도록 인간과 언약을 통해 서로의 믿음을 쌓게 하신다. 이 약속의 명령이 선악과를 먹지 말라고 하신 명령이다.

> "여호와 하나님이 그 땅에서 보기에 아름답고 먹기에 좋은 나무가 나게 하시니 동산 가운데 생명나무와 선악을 알게 하는 나무가 있더라."(창 2:9)

인간에게 복으로 주신 욕심을 조절하도록 "보기에 아름답고 먹기에 좋은" 나무를 동산 가운데 두셨다. 보기에도 먹기에도 좋아 보이지만 하나님의 약속이기에 욕심을 조절하여 먹지 말아야 한다.

하나님이 말씀하셨다.

"동산 각종 나무의 실과는 네가 임으로 먹되 선악을 알게 하는 나무의 실과는 먹지 말라. 네가 먹는 날에는 정녕 죽으리라."(창 2:16-17)

인간에게 주어진 자유가 무한할지라도 약속을 지켜야 할 책임이 있다. 그러므로 자유는 무엇이든 마음대로 하는 것이 아니라 행한 일에 대한 책임을 질 수 있어야 진정한 자유이기에 자유에는 반드시 책임이 부과되어야 한다. 자유라는 주먹을 마음대로 휘두를 수 있지만 그 주먹에 피해를 보는 사람이 없도록 절제해야 진정한 자유다. 책임 없는 자유는 방종이 되기 때문이다.

사탄은 거짓으로 여자를 유혹한다.

"뱀이 여자에게 이르되 너희가 결코 죽지 아니하리라. 너희가 그것을 먹는 날에는 너희 눈이 밝아 하나님과 같이 되어 선악을 알 줄을 하나님이 아심이니라."(창 3:4,5)

"결코 죽지 않는다.", "눈이 밝아진다.", "하나님과 같이 된다.", "선악을 알게 된다." 이 네 가지 거짓말이 죄다. (罪 = 四 + 非 네 가지 아닌 것) 성경에서 거짓말이 죄다. 그래서 사탄은 거짓의 아비이다. 거짓에 유혹받은 여자가 본 즉 "먹음직도 하고 보암직도 하고 지혜롭게 할 만큼 탐스럽기도 한 지라."(창 3:6) 아담과 하와는 결국 이 사탄의 거짓 유혹을 이기지 못하고 하나님과의 약속을 어김으로 죄가 들어왔고 죄로 인해 인간은 죽는 존재(에노스)로 추락하고 만 것이다.

"욕심이 잉태한 즉 죄를 낳고 죄가 장성한 즉 사망을 낳느니라."(약 1:15)

이 유혹은 성령 세례를 받은 예수님도 똑같이 받으셨다. 마태복음 4장에 성령에 이끌려 사탄에게 시험을 받으실 때 이 세 가지 유혹이 등장한다.

"돌덩어리로 떡덩이가 되게 하라. (먹음직해 보이는 유혹) 거룩한 성으로 데려다가 성전 꼭대기에 세우고 하나님의 아들이거든 뛰어 내리라. (보암직해 보이는 유혹) 높은 산으로 가서 천하만국과 그 영광을 보여주며 내게 엎드려 경배하면"(지혜롭게 할 만큼 탐스러워 보이는 유혹) (마 4:1-11).

예수님도 인성과 신성을 동시에 가지신 분이기에 십자가의 희생 없이 인류를 구원하기 위한 방법이 무엇인지 생각할 때 사탄의 유혹이 오는 것이다. 그러나 예수님은 이 사탄의 유혹을 하나님의 말씀으로 이겨 내셨다. 이것이 첫째 아담과 두 번째로 오신 아담이 다른 이유다.

이를 요한 사도는 또 이렇게 표현한다.

"이 세상에 있는 모든 것이 육신의 정욕과 안목의 정욕과 이생의 자랑이니 다 아버지께로 좇아 온 것이 아니요 세상으로 좇아온 것이라."(요일 2:16)

현재도 모든 성도에게 사탄의 유혹은 동일하게 다가온다. 하늘나라를 생각하지 않고 육체의 정욕으로 세상을 살면 배부른 돼지는 될 지언정 하늘나라를 보지 못하며, 안목의 정욕으로 살면 하나님의 영의 세계를 보지 못하고 외모지상주의자나 관심을 받지 못하면 살지 못하는 관종(관심종자)이 되고 말고, 이생의 자랑으로 살면 명예와 권력을 좇다가 영원한 세상을 보지 못하는 어리석은 부자가 되고 만다. 배부른 돼지가 되지 말고 배고픈 소크라테스가 되라는 말의 의미다.

사탄의 정체

성경은 우리를 유혹하는 이 거짓의 아비, 사탄의 정체를 유다서에서 이렇게 정의한다.

"또 자기 지위를 지키지 아니하고 자기 처소를 떠난 천사들을 큰 날의 심판까지 영원한 결박으로 흑암에 가두셨으며."(유 1:6)

거짓의 아비 사탄은 하나님의 영광이 탐이나 자기 위치와 자리를 지키지 않은 타락한 천사다.

보통 성경에 언급된 천사의 종류는 창 1:24에 생명나무를 지키는 그룹(Cherub) 천사와 에스겔과 요한계시록에 언급되는 스랍(Seraph) 천사가 있는데 스랍 천사는 주로 하나님의 보좌를 지키는 천사요 그룹 천사는 인간 세상에 하나님의 뜻을 전하고 심부름을 하는 천사로 분류하는데 사탄은 하나님의 보좌를 지키는 스랍 천사로 보좌 옆에서 하나님께서 받으시는 영광을 보고 자신이 하나님의 자리를 차지하고자 천상 반란을 일으켜 쫓겨난 천사의 우두머리인 루시퍼를 유다서는 이렇게 표현하고 있다.

지금도 마찬가지다. 교회에서 일은 하지 않고 좋은 자리만 차지하기 위해 앉아 있는 성도가 문제를 일으키지 열심히 자신의 몸을 바쳐 일하는 성도는 절대 남의 자리를 탐하거나 문제를 일으키지 않는다.

현재 한국의 정치 상황도 이와 다를 바 없다. 실재로 피와 땀으로 나라를 건국하고 부국시킨 세력은 적폐 청산이란 이름으로 뒷전으로 밀려나고 민주화란 이름으로 위장한 종북 좌파 세력은 대한민국의 산업화 선진화에 땀 한 방울 흘리지 않고 거짓과 선동으로 정권을 잡고 호위호식하며 희희낙락하는 그 자체가 사탄의 세력과 똑같다.

욕심의 절제

인간은 자신의 욕심을 절제하지 못하기에 유한한 존재이다. 이를 인식하는 것이 중요하다. 만일 인간이 스스로 자신의 욕심을 조절할 수 있다면 인간사에 죄와 사망이 들어오지 않았을 것이다. 이미 들어온 죄와 사망을 이기게 하기 위해 하나님은 인류를 위한 구속사를 계획하셨다.

첫째는 제사를 통해 인간에게 하나님의 약속을 주어 그 약속을 지킴으로 인간의 욕심을 절제하도록 하셨다. 그리고 기름 부으심을 통해 인간에게 하나님의 신을 보내 욕심을 절제하고 하나님의 뜻대로 살게 하셨다.

그러나 한번 사탄의 유혹에 빠진 인간의 죄상은 끊임이 없이 세계화되어 가고 있다.

1) "결코 죽지 않는다"는 말에 속아 영원히 변치 않는 금을 숭상하게 되었고, 현재는 돈을 숭상하게 되고 종교도 이름만 그럴싸한 영생교를 만들어 사람을 미혹시킨다.

2) "눈이 밝아진다"고 속여 과학만능주의자로 만들어 예수의 탄생과 죽음을 믿지 못하게 하고 합리적 사고라는 미명으로 하나님과 대적하게 만든다.

3) "하나님과 같이 된다"고 속인다. 이는 가인의 후예인 라멕처럼, 자신이 하나님의 자리에 앉기 위해 바벨탑을 쌓은 니므롯 이후 현재 포스트모더니즘에 의해 하나님의 존재를 무시하고 인간이 하나님처럼 행세하는 거짓 학문이 세상의 질서와 전통을 무시하고 마치 사사기의 말처럼 자기가 옳다고 생각하는 데로 살게 되는 무질서로 향해 가면서도 이것이 멸망으로 가는 길인지 모르고 가는 세상을 낳고 만 것이다.

"그 때에 이스라엘에 왕(하나님)이 없으므로 사람이 각각 그 소견에 옳은 데로 행하였더라."(삿 21:25)

4) "선악을 알게 된다."는 말에 속아 하나님의 말씀이 선악의 기준이 아니라 이 세상은 선악의 기준이 사라지고 모두가 만인에 의한 만인의 평가인 상대적 평가가 판단의 기준이 되고 말았다. 세상에 옳고 그른 것이 어디 있는가? 인간이 그것을 규정하고 시류에 맞추어 살면 그것이 현명한 것이라 착각케 하는 것이다. 이렇게 살다 보면 세상의 모든 인류의 문명 가치와 전통은 무너지고 소수자와 소외된 자를 우대하자는 차별법으로 오히려 다수가 손해를 보는 세상으로 변질되고 마는 것이다. 소수자를 위해 무엇을 하고 있는가? 동성연애자와 소수 종족들을 보호한다고 동성애 결혼 합법화를 하고 소수자를 돕는다고 소수자 우대법을 만들어 대학에 이들을 위한 쿼터제를 둔다. 그 결과 열심히 공부하고 준비한 학생들은 이들에 밀려 오히려 자신이 원하는 학교에 들어갈 자리가 없어진다.

소외된 자를 위해 무엇을 하고 있는가? 기독교의 핍박을 받은 타 종교 특히 이슬람 교도들을 소외자로 여겨 보호한답시고 유럽연합은 이들 이민자를 각국이 쿼터제로 이민을 받도록 법이 제정되었고 현재 캐나다와 미국에서는 이슬람 교도들을 박해해서는 안 된다는 차별법으로 오히려 국민 다수인 기독교인들을 피해자로 만들고 말았다. 이것이 지대한 자비심인 양 착각하고 살고 있는 것이다. 예를 들어, 성탄절 "Merry Christmas!"라는 인사를 사용하지 못하게 하고 "Happy Holiday"로 바꾸고 만 세상이 되고 말았다.

유럽 및 미국을 휩쓸고 현재 대한민국에서 거칠게 불고 있는 PC(Political Correctness) 좌파들의 광풍이 전 세계의 대학가를 위협하고 있는 현실이다. 하나님의 선악의 절대적 판단의 기준이 인본화 되는 순간 세상의 절대 선은 사라진다. 선이 사라진 자리에는 그럴싸하게 껍질만 선처럼 보이게 하는 악이 자리잡게 된다. 그것이 악인 줄 알게 될 때엔 이미 세상은 악으로 변해버린 사탕발림의 세상이 되고 만다. 여기에 한발을 슬쩍 대고 서서 마치 잘 차려진 밥상처럼 행세하는 것이 정치적 포퓰리즘(Political populism)이다. 아르헨티나, 베네수엘라 등에서 보듯이 공산주의라는 옷을 사회주의라는 말로 표방하고 국민들을 속이는 것이다. 대한민국의 좌파 광기의 정치 상황도 이와 다를 바 없다.

두 번째로 하나님은 인간에게 결혼 제도를 선물하셨다. 결혼을 통한 가정 제도가 인간의 욕구를 절제하게 만든다. 가정 제도뿐 아니라 사람들은 각각 자신이 속해 있는 또래 집단 속에서 생활하면서 윤리 도덕적 인간이 되어 간다. 씨족에서 부족으로 부족 사회에서 국가로 발전하면서 인간은 제도를 만들고 법을 만들어 인간의 욕심을 조절했다. 그러나 인간의 욕심은 이런 제도나 법으로 조절될 수 없다. 인간의 절대 권력이 법과 제도를 뛰어 넘으면 결국 개인의 자유를 함부로 하는 독재가 만들어 지고 다수가 힘을 합쳐 전체주의로 전락하고 마는 것이다.

마지막으로 인간의 욕심을 조절하게 하려면 하나님의 구속사를 따르게 할 수밖에 없다는 것이 하나님의 결론이다. 그 결론으로 오신 분이 구속사의 본체이신 예수 그리스도다.

예수님은 공생애를 시작하시면 제자들을 부르신 후 산상 수훈으로 이들을 가르치신다. 산상 수훈에서 예수님은 팔복을 가르치셨다.

"가난한 자, 애통하는 자, 온유한 자, 의에 주리고 목마른 자, 긍휼히 여기는 자, 마음이 청결한 자, 화평케 하는 자, 의를 위하여 핍박 받는 자는 복이 있나니."

예수님의 팔복은 사람의 욕구를 절제시키기 위한 교훈이다. 인간의 욕심을 하나님의 말씀으로 조절하고 절제하는 사람이 복이 있는 사람이요, 행복해지는 지름길이다.

사도 바울은 이 교훈을 성령의 열매로 표현한다.

"내가 이르노니 너희는 성령을 좇아 행하라 그리하면 육체의 욕심을 이루지 아니하리라."(갈 5:16)

"오직 성령의 열매는 사랑, 희락, 화평, 오래 참음, 자비, 양선, 충성과 온유와 절제니 이같은 것을 금지할 법이 없느니라."(갈 5:22-3)

사람의 욕심을 절제할 수 있는 길은 성령에 따라 육신의 소욕을 절제하는 것이다. 사도 베드로는 이를 다음과 같이 설명한다.

"이로써 그 보배롭고 지극히 큰 약속을 우리에게 주사 이 약속으로 말미암아 너희로 정욕을 인하여 세상에서 썩어질 것을 피하여 신의 성품에 참예하는 자가 되게 하려 하셨으니 이러므로 너희가 더욱 힘써 너희 믿음에 덕을, 덕에 지식을, 지식에 절제를, 절제에 인내를, 인내에 경건을, 경건에 형제 우애를, 형제 우애에 사랑을 공급하라."(벧후 1:4-7)

인간은 스스로 본능인 욕심을 절제하는 조절 장치가 없다. 인류의 역사와 더불어 인간의 포악함이 얼마나 광폭해졌는가를 알 수 있는 예가 있다. 미술사에 나오는 그리스의 옷을 반쯤 걸치고 있는 미의 여신 아프로디테의 조각은 로마로 넘어오면서 비너스로 바뀌면서 점점 더 대범하게 여인의 옷을 벗겨 아예 실오라기 하나 걸치지 않고 손과 팔로 주요한 부위를 가리고 있는 모습이 조각으로 나타난다. 이것이 인간의 포악성이 점층적으로 발전하고 있음을 반증해 준다.

영화의 장면을 보라. 총으로 사람을 죽이는 장면이 예전에는 총을 맞으면 그저 '억'하고 죽는 모습이었지만 현재는 총알이 총구에서 뿜어져 나오고 그 총알이 사람의 몸을 헤집고 피가 난무하게 터져 나오는 것을 봐야 인간의 쾌락성을 만족시킬 수 있는 지경에 이르렀다. 세상의 악이 얼마나 점증되고 있는 지를 보여주는 단적인 예라 하겠다.

인간의 본능을 절제할 수 있는 길은 오로지 성령의 기름 부음

밖에는 없다. 사도 바울의 간절한 부탁을 들으라.

"너희는 이 세대를 본받지 말고 오직 마음을 새롭게 함으로 변화를 받아 하나님의 선하시고 기뻐하시고 온전한 뜻이 무엇인지 분별하도록 하라."(롬 12:2)

예수님의 교훈인 팔복, 바울의 성령의 열매, 베드로의 덕을 한마디로 말하면 예수님의 마음이다.

예수님의 마음, 온유와 겸손

"나는 마음이 온유하고 겸손하니 나의 멍에를 메고 내게 배우라 그리하면 너희 마음이 쉼을 얻으리니."(마 11:29)

예수님의 마음은 온유와 겸손이다. 이 마음을 배우라고 명하신다. 온유는 히브리어로 '아나브(עָנָו)'이다. 히브리어 아나브의 뜻은 "자신에게 주어진 자유 의지를 자신을 위해 사용하는 것이 아니라 다른 사람을 위해 사용한다"는 의미이다. 아주 고차원적 배려의 마음이다. 예수님은 하나님과 동등함을 취하지 않으시고 낮고 낮은 이 땅에 오신 하나님이심에도 불구하고 겸손함을 이루시고 마지막 공생애를 마치시면서 겟세마네 동산에서 땀방울이 핏방울이 되는 듯한 기도로 당신의 사역을 다짐하시며 기도하신다.

"가라사대 아버지여 만일 아버지의 뜻이어든 이 잔을 내게서 옮기시옵소서 그러나 내 원대로 마옵시고 아버지의 원대로 되기를 원하나이다."(눅 24:42)

예수님의 삶 자체가 온유함의 결정체이다. 예수님 자신도 할 수만 있으면 십자가의 고통을 피하고 싶은 심정이지만 결국 자신의 뜻대로 하지 않으시고 아버지 하나님의 뜻대로 행하실 것을 결단하는 기도를 하셨다. 이것이 온유다. 온유와 겸손은 가장 절제된 행동이다. 인간의 본능인 욕구를 절제하기 위해서는 예수님 앞에 나아와 배워야 한다. 그러므로 예수님은 우리를 초청하신다. "내게 나와 배우라." 하나님이 인간에게 허락하신 자유는 마음껏 향유할 수 있지만 나만의 자유로 다른 사람이 피해 보지 않도록 배려하고 절제할 수 있어야 한다. 그것이 책임 있는 자유다. 인간은 유한한 존재이기 때문에 늘 교만해질 수밖에 없다. 이 교만을 절제하기 위해서는 예수님의 마음을 배워야 한다.

성경은 우리를 "질그릇"에 비유한다. 하나님은 토기장이요 우리는 그가 빚으신 질그릇이다. 질그릇은 가장 연약한 그릇이다. 깨지기 쉬운 존재(에노스)이다. 인간은 깨지기 쉬운 연약한 질그릇이기에 늘 조심하고 절제된 마음으로 행동해야 자신을 지킬 수 있다.

자유라는 가치관도 마찬가지다. 자유도 항상 쉽게 소유할 수 있는 것 같지만 자유를 지키기 위해 피 흘리는 노력이 없이는 자유를 얻을 수 없다. 자유는 공기와 같아서 있을 때는 그 중요성을 모른다. 그러나 자유를 잃게 되면 곧 죽은 생명이기에 죽음으로 자유를 지켜야 그 소중함을 알 수 있다. 자유를 위해 절제되고 정제된 마음으로 대하여야만 소중한 자유를 지킬 수 있다.

자유 민주주의라는 개념도 마찬가지다. 자유 민주주의를 지키기 위해서는 절제된 행동을 필요로 한다. 자유 민주주의는 향유하고 쉽다고 광장에 모여 마음껏 외치며 촛불을 켠다고 지켜지는 것이 아니라 가장 절제된 행동으로 대하여야 한다. 그래서 대의제가 필요하다. 국민 한 사람 한 사람이 직접 광장으로 뛰쳐나가는 직접 민주주의가 아니라 잘 정제된 마음으로 자신을 대표하는 대의 민주주의가 진정한 자유 민주주의 체제를 만들 수 있다.

우리 안에 있는 마음은 연약한 질그릇과 같다. 이 깨지기 쉬운 마음을 하나님의 말씀으로 굳건히 지키는 것이 신앙의 본질이다. 신앙은 저절로 생기는 것이 아니라 내가 지키고 소유하기 위해 피와 땀을 흘려 노력해야 온전한 신앙으로 자라난다. 교회는 예수 그리스도의 흘린 피 값 위에 세워진다고 터툴리안이 말했다. 신앙 역시 피와 노력으로 이루어진다. No Cross No Glory!

자유는 결코 공짜가 아니다(Freedom is not free). 자유의 소중함을 알고 자신에게 주어진 자유 의지를 온유로 절제하여야 지킬 수 있다. 현재의 자유는 누군가의 죽음을 희생 삼아 여기에 이르렀다. No Pain No Gain!

자유 민주주의는 국민 한 사람 한 사람이 독립된 개인으로 설 때 이룰 수 있는 정치 체제이다. 가장 절제되고 정제된 정치 행위가 만들어낸 시스템이다. 그러므로 자유 민주주의 정치 제도하에서 시장 경제 제도가 작동할 수 있고 법치 질서가 사회의 톱니바퀴를 돌릴 수 있게 된다. 한 개인의 절제된 행동이 자유 민주주의의 꽃이다. 이것이 선거요 투표의 열매로 나타난다. No Freedom No Life!

70년 공산주의 실험의 실패 원인

인간은 사회생활을 통해 본능인 욕구를 조절하는 자제력을 배우며 자아실현을 통해 자기만족을 이루며 살아간다. 이 자기 욕구의 자아실현이 사회를 발전시키고 필요가 발명을 낳듯이 욕구 충족을 위해 세상은 발전해 나간다. 하나님이 복을 주시며 명하신 생육하고 번성하고 땅에 충만을 이루기 위해 필요한 본능인 인간의 욕심을 인간 이성의 완전성을 믿고 계급 투쟁을 통해 평등한 사회를 이루며 인간의 역사는 발전하여 이 땅에 파라다이스인 공산주의 사회로 완성된다고 믿고 인류를 전 근대적 실험실로 처넣은 공산주의 혁명이 100여 년 전인 1917년에 일어난 러시아 혁명으로 인류 역사상 최악의 사건이 되고 말았다.

러시아 10월 혁명

노동자 파업과 군대 봉기로 군주제를 무너뜨리고 임시 정부를 세운 2월 혁명은 그 가치가 미국 혁명과 프랑스 혁명의 계보를 잇는 민중 혁명으로 평가 받을 수 있겠지만 볼셰비키가 10월 혁명을 일으켜 임시 정부를 전복하고 사상 최초로 마르크스 레닌주의 정권을 수립한 것은 세계 최악의 사건이다. 계급 혁명과 프롤레타리아 독재, 노동 계급 전위론, 민주집중제를 앞세워 소비에트 정권 수립이 러시아에 그치지 않고 전 세계로 급속히 퍼져 나갔기 때문이다.

혁명 직후 러시아 내전(1917-22)에서 소비에트 붉은 군은 약 121만 명의 사상자가 났다. 반면에 당시 미국·영국·프랑스·일본 등 제국주의 국가들의 지원을 받으며 혁명에 대항한 백군은 약 150만 명의 사상자가 났다. 약 300만 명에 달하는 인명이 희생된 러시아 내전의 피 냄새를 흘리며 탄생한 러시아 혁명은 전 세계적으로 피압박 민족의 민족 해방 투쟁에 영향을 끼치며 들판의 불처럼 번지기 시작했다.

소련은 국제공산당 조직인 코민테른을 통해 혁명을 수출했다. 냉전을 비롯한 20세기 혁명의 피의 역사는 러시아 혁명의 뿌리에서 확인할 수 있다. 현재 핵과 미사일로 세계를 위협하는 북한 정권 탄생과 1948년, 1949년 세계 패권에 도전하고 있는 중화인민공화국 수립, 1976년 베트남 통일 등은 러시아 공산 혁명의 연장선에 있다. 특히 소련의 사주를 받고 무력적화 통일을 노린 김일성이 남침하면서 남북한 합쳐 520만 명 이상의 사상자를 낸 6·25 전쟁은 민족사의 비극의 뿌리도 러시아 혁명이다. 이처럼 전 세계에 걸쳐 마르크스·레닌주의 체제를 구축하려는 폭력 혁명과 체제를 실험하는 과정에서 수많은 희생을 낳은 점은 인류 역사상 최악의 비극이다.

러시아 혁명에 자극받아 중국 공산당 창당

1921년 7월 코민테른의 지령을 받아 천두슈(陳獨秀)·리다자오(李大釗)·마오쩌둥(毛澤東) 등이 상하이(上海)에서 중국 공산당을 창당했다. 중국 공산당은 2차에 걸친 국공내전 끝에 1949년 10월 1일 베이징(北京) 천안문 망루에서 마오의 선언문 낭독으로 신중국을 수립했다. 이 내전으로 민간인과 군인 합쳐 800만-950만 명이 희생된 것으로 추정된다.

중국 공산당은 1958-62년 공산주의 체제 우월성을 보여주고 자본주의 국가들을 추월하겠다며 농공업 증산을 위한 대약진 운동을 벌였지만 실패하고 그 여파로 대흉년이 들어 약 3000만 명의 아사자가 발생했다. 1966-76년 사회 곳곳에 남아 있는 부르주아 계급의 자본주의·봉건주의·관료주의 적폐를 청산하고 '혁명 후 영구적 계급 투쟁'을 계속해야 한다며 문화대혁명을 일으켰다. 그 결과 모택동은 반대파를 제거했지만 중국 사회는 홍위병의 폭력 속에 대암흑기를 겪게 된다. 공식 통계로 72만 9511명이 박해를 받았으며 3만 4800명이 숨졌다. 결국 중국은 1978년 등소평(鄧小平)이 등장하면서 개혁·개방 정책으로 시장 경제를 도입하여 현재에 이를 수 있었다.

아시아에서 피의 혁명

러시아 혁명의 영향으로 아시아에서 피비린내 나는 유혈극이 도미노 현상처럼 이어졌다. 베트남에선 1955-1975년 베트남 전쟁의 결과 1976년 남북이 통일된 베트남 사회주의 공화국이 탄생됐다. 베트남 전쟁은 민간인과 군인 합쳐 96만 6000-381만 2000명이 숨진 피의 참극으로 이어진다. 소련·중국은 마르크스·레닌주의 영역을 동남아시아로 확대하려고 북베트콩을 지원했다. 미국을 비롯한 서방 진영은 '한 나라가 공산화되면 주변국도 차례로 넘어간다'는 도미노 이론에 따라 대규모 군사 개입을 했으나 결국 실패했다.

라오스에선 좌파 단체 파테트라오가 1953-75년 내전을 벌여 왕정을 전복하고 마르크스·레닌주의 정권을 수립했다. 내전으로 2만-6만 2000명이 사망한 것으로 추정된다. 캄보디아에선 무장 조직 크메르루주가 1967-75년 24만-30만 명의 희생자를 낸 내전 끝에 마르크스·레닌주의 정권을 수립했지만 최대 200만 명을 학살한 것으로 추정되는 킬링필드 대학살을 벌이다가 1993년 몰락했다. 킬링필드는 홀로코스트에 버금가는 대학살로 인류사에 큰 상처를 남겼다. 말레이시아 공산당은 1948-60년, 1968-89년 두 차례에 걸쳐 게릴라전을 벌였다. 1965년에는 인도네시아 공산당이 무장봉기로 정권 장악을 시도하려다 실패했으며 그 여파로 약 50만 명이 학살됐다.

빈부격차가 심한 중남미는 마르크스·레닌주의의 온상이 되었다. 1959년 쿠바에 게릴라 지도자 피델 카스트로와 초호화 주택과 보트를 향유한 체 게바라가 주도하는 이 지역 최초의 공산 정권이 들어섰다. 1970년에는 칠레에서 살바도르 아옌데가 공산당

등과의 좌파 연합을 이뤄 대통령 선거에서 승리해 남미 지역 최초로 선거에 의한 사회주의 정권이 들어섰다. 하지만 1973년 아우구스토 피노체트의 군사 쿠데타로 무너졌다. 1979년 니카라과에서 무장 투쟁으로 다니엘 오르테가의 산디니스타 정권이 들어서 1990년까지 권력을 유지했다. 오르테가는 선거 패배로 물러났으나 2007년 선거에서 다시 권력을 차지해 현재에 이른다. 엘살바도르는 공산 게릴라의 반란으로 1979-92년 내란을 겪었다. 페루에선 1980년 공산반군 '빛나는 길'이 게릴라전을 시작해 7만 명의 사망자를 낸 채 지금도 끝나지 않고 있다. 1982-97년에는 또 다른 급진 단체 '투팍 아마루 혁명 운동'이 별도 게릴라전을 벌였지만 1997년 무너졌다.

아프리카에선 1963년 콩고 공화국에서 군사 쿠데타로 수립된 마르크스·레닌주의 정권이 최초로 들어섰다. 소련군의 지원으로 탄생한 이 정권은 소련이 무너지자 1991년 스스로 공산주의 포기를 선언하기에 이른다. 에티오피아에선 1977년 마르크스·레닌주의 노동자당이 쿠데타로 일당 독재 정권을 수립했다. 노동자당은 1990년 다당제를 약속했지만 이듬해 반군이 집권하면서 지도부가 투옥되는 비극을 맞이했다.

동유럽의 반소련 저항

제2차 세계 대전에서 연합국으로 참전해 승리한 소련은 동유럽 국가에 공산 정권을 세우고 위성 국가로 관리했다. 하지만 시장 경제와 자유 민주주의를 겪어본 주민들은 소련과 공산주의에 강력히 저항했다. 1956년 폴란드 포즈난에서 벌어진 반소 폭동이 최초의 저항이지만 무력 진압되고 말았다. 같은 해 부다페스트의 봄으로 알려진 헝가리에서 벌어진 반소·반공 봉기는 전 세계에 '소비에트 제국주의'의 민낯을 보여주기에 충분했다. 소련군 전차 부대가 헝가리 수도 부다페스트에 진입해 시민을 상대로 유혈진압을 벌였다. 이를 보고도 동유럽 주민은 저항을 멈추지 않았다. 1968년 체코슬로바키아에서 반소 봉기에 이은 개혁 조치가 진행돼 '프라하의 봄'으로 불렸다. 하지만 프라하는 소련군과 바르샤바 조약기구 회원국의 무력 침공으로 실패하고 말았다.

베를린 장벽 붕괴 후

1990년 소련이 붕괴되면서 소련 내 공화국과 동구권을 포함해 대다수 마르크스·레닌주의 정권이 무너지거나 일당 독재와 계획경제를 포기했다. 1991년 베를린의 장벽이 무너지는 것을 보면서도 새롭게 등장하는 정권도 있다. 남미 베네수엘라에선 1999년 산업국유화·배급제 등 마르크스·레닌주의 이념과 정책을 추구하는 우고 차베스 대통령이 집권하면서 전 세계 사회주의자의 영웅으로 등장했다. 2013년 차베스 사망 뒤 니콜라스 마두로 대통령이 뒤를 잇고 있는 것을 보면서 인간의 악성이 얼마나 뿌리 뽑기 힘든 것인지를 알게 한다. 아르헨티나에서는 페로니즘의 환상에서 아직도 헤어나지 못하고 모든 국민이 아예 사회주의의 마약에 중

독되어 버린 현상이 나타나고 있다.

도미니카에선 2000년 노동당이, 볼리비아에선 2006년 에보 모랄레스 대통령이 선거로 집권했다가 최근에 하야 당하고 멕시코로 망명을 신청하는 비극이 일어나고 있다. 2007년 재집권한 니카라과의 오르테가도 마찬가지다.

자유 민주주의는 생명의 보금자리다.

전 세계적으로 공산주의 피의 혁명으로 희생된 사람의 수가 적게 잡아도 1억에서 2억 명이 넘는다. 과연 인간의 생명이 이데올로기라는 혁명의 이름으로 이렇게 비참하게 죽어도 되는가에 대한 대답을 현대인은 스스로 해야 한다. 잃어버린 한 마리의 양을 찾기 위해 밤길을 헤매는 예수 그리스도의 뜨거운 사랑 앞에 인류는 답해야 한다. 과연 무엇이 답인지를 … 하나님은 한 생명을 천하보다도 귀하게 여기신다고 하셨다. 공중의 참새 한 마리도 하나님의 뜻이 아니고는 떨어질 수 없다. 하물며 인간의 생명이야 얼마나 소중한 것인가? 이 세상 어떤 보화도, 어떤 가치관도 하나님이 주신 개인의 생명보다 귀한 것은 없다. 또한 자신의 생명을 바쳐 보호하고 추구할 가치관은 있어도 다른 사람의 생명을 빼앗아 가며 지켜야 할 가치관은 없다. 이것이 생명 존중 정신이다. 공산주의자들이 아무리 좋다고 강조하는 정치사상이라도 인간의 고귀한 생명과 바꿀 수 없다. 만약 인간의 피를 요구하는 정치사상이 있다면 이미 그것은 정치도 사상도 아니다. 사탄의 불 장난감에 불과하다. 프랑스 대혁명을 실패한 혁명으로 보는 가장 큰 이유가 너무 많은 생명이 죽었다는데 있다. 인간의 생명을 보호하기 위해 정치가 필요한 것이지 정치를 위해 인간의 생명이 존재하는 것이 아니다.

1948년 미국의 일본 히로시마 나가사키 원자폭탄 투하로 일본의 무조건 항복에 따라 해방을 맞은 대한민국에 이승만이라는 불세출의 건국 대통령이 나타나 전 국민의 80%가 공산주의를 찬성함에도 불구하고 위에서 언급한 공산주의 나라로 발걸음을 하지 않고 남쪽만이라도 공산주의 피의 비극에서 피하게 하기 위해 UN의 도움을 받아 자유 민주주의와 시장 경제 체제, 기독입국론으로 나라를 건국했다. 이승만 대통령의 위대함은 그의 정치적 업적 때문만이 아니다. 그의 위대함은 남쪽의 수많은 생명을 공산주의 피의 혁명으로부터 구했다는데 있다. 아니 남쪽뿐 아니라 공산주의 피의 숙청을 피해 남으로 온 수많은 사람들에게 자유 민주주의라는 안전한 피난처 보금자리를 마련하여 저들의 생명을 구했다는데 있다. 그리고 남쪽만이라도 자유 민주주의 공화국을 만들어 저 극악무도한 공산주의의 피의 물결을 틀어막은 데 있다. 그가 아니었다면 공산주의의 피의 혁명은 일본을 넘어 전 아시아로 더 광범위하게 퍼져 나갔을 것이다.

공산주의 실패의 원인

공산주의 실패의 원인은 한 가지다. 인간의 본능인 욕구를 국가가 억압했기 때문이다. 인간의 욕구 본능은 하나님이 주신 복으로 이는 귀중한 선물이다. 선물을 받은 사람은 선물을 소중히 여기고 사용하여 더 좋은 것을 만들어 내는 것이 인간의 욕구다. 그런데 하나님의 선물인 욕구 본능을 개인에게서 박탈하면 땅의 생육, 번성, 충만이 일어나지 않는다. 인간이 범죄하자 하나님은 아담과 하와에게 벌을 내리신다. 아담에게는 이마에 땀을 흘려야 땅이 소출을 내게 하셨고 여자에게는 아이 생산의 고통을 주셨다. 에덴 동산에서 마음껏 먹고 마시던 인간이 이제는 노력한 것만큼 소득을 얻을 수 있게 되어 자신의 책임으로 살아가는 존재가 된 것이다. 땀을 많이 흘린 사람은 더 많은 소득을, 적게 흘린 사람은 적게 흘린 데로 살아가는 노력의 대가로 살게 되는 것이 인간 삶의 원리이다. 열심히 땀 흘린 대가로 소득을 얻고 그 땀의 대가로 자신이 누군가에게 베풀고 헌신할 수 있기에 가정이 중요하고 자신이 속한 사회가 중요한 것이다. 사도 바울은 일하지 않는 자 먹지도 말라고 했다.

> "우리가 너희와 함께 있을 때에도 너희에게 명하기를 누구든지 일하기 싫어하거든 먹지도 말라 하였더니."(살후 3:10)

이승만은 1924년 태평양이라는 잡지에 공산당이 안 되는 이유를 들고 있다. 그는 공산주의는 원래 자유롭게 되기 원하는 인간의 본성을 거역해 국민을 지배하려는 사상 체계이기 때문에 공산당의 부당성을 역설했다. 그는 다음과 같이 그 이유를 말한다.

1. 모든 사람의 재산과 토지를 모아서 똑같이 나누어 가졌을 때 게으른 사람들이 일을 하지 않으면 토지를 버려두게 되므로 공산주의는 해롭다.

2. 모든 사람의 경제적 지위가 똑같아지면 자본가들의 경쟁이 사라지고 물건과 기술의 발전이 더 이상 일어나지 않을 것이기에 공산주의는 국가 발전에 해가 된다.

3. 모든 사람들의 교육 수준을 올려 비슷한 지식을 갖게 하는 것은 가능하지만 공산주의가 지향하는 지식인들을 모두 없애는 것은 현실적으로 불가능하다.

4. 자유와 평등을 추구해 인류 발전에 도움을 준 교회를 없애는 것은 앞으로 인류 발전에 막대한 손해를 끼칠 것이다.

5. 정부, 군사, 국가를 전부 없애 버리는 공산주의는 나라가 없는 우리 민족에게 있어 말이 안 되는 사상이다.

경쟁과 소유

성경의 경제 원칙은 경쟁과 소유다. 아담과 하와가 하나님으로부터 받은 벌의 원칙은 인간은 일을 해야 먹고 산다는 것이다. 그리고 땅은 그 소출을 주되 땀 흘린 데로 그 소출이 나온다는 이 원리는 성경 전체를 이루는 경제 원칙이다. 땀을 많이 흘린 자는 많은 소득을 올리고 적게 흘린 자는 적게 거둔다는 원칙에 따라 경제 원칙이 나온다. 사도 바울도 "사람이 무엇으로 심든지 그대로 거두리라"(갈 6:7)고 가르치며 천국을 향해 가는 성도들을 경기장의 경주자에 비유하고 있다. 경주하는 자가 노력하고 연습하지 않으면 이길 수 없는 것처럼 열심히 노력하고 땀을 흘려야 천국을 소유할 수 있다는 것이다. 예수님은 자신의 소명을 잃고 실족한 세례 요한을 향하여 "천국은 침노하는 자의 것(마 11:12)"이라고 하셨다.

성경의 경제 원칙은 철저한 경쟁이다. 일하지 않고 불로소득을 얻으려는 것을 성경은 금하고 있다. 이를 화폐 불임설이라고 한다. 돈은 열심히 일한 자의 것이지 돈을 빌려주고 이자를 받는 것을 죄악시하는 것이 성경의 경제관이다. 이 전통이 A.D. 5세기경 무역이 발달하자 교황 레오 5세의 명에 의해 예수를 죽인 유대인들에게 이 악한 금융업을 허락하여 그들이 베니스에서 처음 책상(이태리어로 Banco)을 놓고 고리대금업을 시작하여 현재 은행(Bank)이 되었고 전 세계 금융업을 유대인들이 석권하는 이유가 되었다.

천국에 들어가기 위해서도, 돈을 벌기 위한 경제 활동도 모두가 경쟁이 그 원칙이다. 경쟁이 최상의 공의롭고 정의로운 원칙이 된다. 경쟁이 없는 사회는 곧 멸망에 이른다. 공산주의의 종주국 소련이 70년 만에 망한 이유도 경쟁 없는 평등 사회를 만든다는 구호로 모든 사람이 게을러져 망조에 이른 것이다. 인간의 본능 욕구를 강제로 억제하면 풍선 효과처럼 다른 곳으로 그 역효과가 불거져 나온다.

또한 성경은 소유를 개인 삶의 원칙으로 한다. 인간의 이기심은 소유를 유발하고 소유욕은 사회적, 경제적 발전을 도모한다. 아브라함은 자신의 가족 장사지로 마므레 앞 막벨라에 있는 에브론 밭에 있는 굴과 사방의 수목을 헷 족속에게서 사서 자신의 소유지로 만든다(창 23:19). 나그네와 같은 히브리인 아브라함이 가나안 땅의 소유지를 갖는 의미는 앞으로 가나안 땅을 이스라엘이 차지할 것을 알리는 예표다.

다윗 왕도 군대의 수를 세는 것을 금한 하나님의 명령을 어겨 벌을 받을 때 갓 선지자의 지시대로 여부스 족속인 아라우나의 타작마당과 번제에 드릴 모든 제구를 은 50세겔에 사 예루살렘 성전 터의 소유를 분명히 했다(삼하 24:24).

소유권은 인간의 욕구 본능이다. 내가 번 것을 내가 소유해야 한다는 것이다. 자신의 소득을 자신이 소유할 권리가 있어야 인간의 경제 의욕은 활동할 수 있다. 자신의 소득을 다른 이와 공유한다는 자비의 마음은 선해 보일 뿐이지 결국은 공멸이다. 인간 본능의 소유욕이 경제를 발전시키고 지속 가능한 경제를 만든다. 아담 스미스의 국부론에 나오는 빵집 주인은 돈을 벌기 위해 빵을 만들어 돈을 벌면 더 좋은 빵을 만들 수 있지만 자비심으로 빵을 만들면 한 번 베풀고 나면 더 품질 좋은 빵을 만들 수 있는 연속성이 일어나지 않는다. 인간의 모든 경제 활동은 자신의 소유를 전제로 할 때 발전해 나간다. 듣기에는 좋은 경제 민주화니 동반성장이니 하는 좌파적 포퓰리즘 경제 정책은 모두 인간의 소유욕을 억압하는 것이기에 성공에 이를 수 없다. 특히 상속세를 과다히 부과하는 정책 또한 필패로 귀결된다. 선진국들에게서 이미 이러한 경제 정책의 실험의 실패로 상속세나 세습제를 줄이는 정책으로 바뀌고 있는 실정에는 반드시 이유가 있기 때문이다. 다시 말해 인간의 소유욕이 생육하고 번성하고 땅에 충만하게 만드는 원동력이다.

평등(Equality)

성경의 평등관은 하나님 앞에 평등과 시작의 평등이다. 평등의 가치를 잘못 이해하면 과정과 결과의 평등이 옳은 것이라 착각한다. 그러나 인간의 본능은 인간 스스로의 평등을 용납하지 않는다. 성경 어디에도 평등의 개념을 말하지 않는다. 예수님은 달란트 예화에서도 주인은 각각의 능력에 따라 1달란트, 2달란트, 5달란트를 맡기며 주인이 1년 후 돌아와 회계하도록 하였다. 2달란트 받은 종은 다른 2달란트를, 5달란트 받은 종은 또 다른 5달란트를 남겨 주인과 회계하여 주인의 칭찬을 받았지만 1달란트를 받은 종은 혹시 한 달란트마저 잃어버릴까 하여 땅에 묻어두었다가 한 달란트를 다시 내어 놓자 주인은 게으르고 악한 종이라 하면서 내어 쫓으라고 명한다. 한 달란트를 내어 놓은 종이 손해를 보지 않았지만 주신 달란트를 사용하지 않은 종을 책망하시는 것이다. 만약 평등이 정답이라면 주인은 종들에게 똑같이 한 달란트를 맡기든지 5달란트를 맡겼어야 한다. 그러나 주인은 종의 각각의 능력에 따라 달란트를 맡겼다. 1달란트든, 2달란트든, 5달란트든 주인이 똑같이 기회를 주는 것이 평등이지 종들이 남긴 결과가 평등을 결정하지는 않는다.

인간은 각자의 능력대로 살아간다. 인간의 본능을 무시하고 인간의 본능을 평준화시켜 버리면 평준화가 상향되는 것이 아니라 경쟁 없는 인간 사회는 하향 평준화되어 바보들의 사회가 되어 버리고 만다. 사회의 혁신은 경쟁으로부터 시작하고 공정한 경쟁의 원칙하에서 가장 정의로운 결과를 낳게 된다. 예를 들어, 어떤 회사가 사원을 모집할 때 같은 경쟁의 원칙으로 경쟁하는 것이 평등이지 누군가에게 혜택을 주고 백을 쓰는 것은 공정이 아니다. 경쟁의 무대가 누구에게나 같은 평등한 기회와 룰과 운동장이 되어야 한다. 그래서 무한 경쟁이 최상의 정의다.

하나님은 이스라엘 백성이 가나안 땅에 도착하기 직전 각 지파에게 그 숫자에 맞게 가나안 땅을 분배해 주었다. 그리고 가나안 땅을 정복한 후 각 지파는 가족의 숫자에 따라 땅을 분깃으로 나누어 받았다. 이것이 시작의 평등이다. 시작은 평등하게 시작하지만 각각의 능력에 따라 결과가 틀리기 때문에 빈익빈 부익부 현상이 일어난다. 이를 해결하기 위해 하나님은 패자부활전을 하도록 안식년과 희년 제도를 두어 다시 원상태에서 시작하도록 하였다. 이스라엘의 땅 분배가 오늘날의 토지 분배의 모범이 되었다. 이것이 성경적 복지 정책의 기본이다.

이승만 대통령은 1948년 대한민국을 건국한 후 1949년에 토지개혁 안을 만들어 1950년 3월 25일 시행령을 제정하여 4월 30일 국회를 통과시켜 모든 농민에게 토지가 골고루 나누어 지도록 하여 그때까지 소작민이었던 농민을 자작농으로 만들어 모든 국민이 평등한 입장에서 시작하도록 토지 개혁을 완수하였다. 이것이 6.25 전쟁에서 북한을 이겨내는 원동력이 되었다. 노동자 농민의 플로레타리아 혁명을 기치로 내세웠던 김일성의 공산주의는 토지 개혁으로 이미 지주가 된 남한의 농민에게는 통용되지 않는 빛 좋은 개살구가 되고 말았다. 이승만 대통령이 추진한 '유상몰수 유상분배'의 토지 개혁은, 우여곡절 끝에 결국은 성공했고 우리나라 전 경작지의 95.7%가 소작지가 아닌 자작지(自作地)가 되었다. 대한민국에 경제적 차원에서의 평등과 자수성가의 가능성이 최초로 심어진 순간이 되었다.

이뿐 아니라 이승만은 전 국민을 대상으로 보통 교육을 실시해 그때까지도 남아있던 양반과 상민의 구별을 무력화시켰다. 80%에 달하던 문맹률을 순식간에 뒤집어 국민 대다수가 글을 읽을 수 있게 만들어낸 것이다. 정치적, 문화적 차원에서의 평등이 드디어 완성되며 민주주의가 이 땅에 심어지는 계기가 되었다.

기회의 평등, 시작의 평등이 사회의 발전을 이어가는 경쟁을 만들어 가는 것이지 결과의 평등은 결국 모두가 공멸하는 달콤한 마약이 되고 만다.

행복 추구권(Pursuit of Happiness)

행복이 무엇인가에 대해 인류는 끊임없이 그 해답을 얻기 위해 노력해 왔다. 그러나 그 해답은 무지개를 잡는 것이었다. 무지개를 잡으려 다가가면 이미 무지개는 저 멀리 달아난 상태이다. 이에 대한 해답이 바로 예수님의 산상 수훈 팔복이다. 예수님이 주신 해답을 얻기 위해서는 먼저 전제 조건이 있다. 마음이 문제다. 어떤 마음인가? 가난하고 청결한 마음을 얻어야 진정한 행복에 눈을 뜨는 단초가 된다. 여기서 가난(에비온)은 모든 것을 시간과 공간의 주인이신 창조주께 맡긴 텅 빈 마음이다. 성경에서 말하는 가난한 마음은 모든 것으로부터 자유로운 마음(freedom)을 의미한다.

인간에게는 행복보다 더 빨리 다가오는 것이 행운이다. 모든 사람이 행운을 잡기 위해 분주하다. 행운의 상징 네잎클로버를 찾기 위해 온 인생을 바치는 사람도 있다. 행운의 상징은 네잎클로버이다. 그러나 행복을 상징하는 꽃잎 이름은 세잎클로버. 사람들은 행운의 네잎클로버를 찾기 위해 행복의 세잎클로버를 마구 밟고 다닌다. 행운을 위해 행복을 짓밟는 것이다. 행운의 영어는 Luck이고 행복의 영어는 Happiness다. 영어 Happiness는 Happen에서 유래한 말이다. 행복은 일어나는 것이다. 세잎클로버가 지천에 깔려 있는 것처럼 행복도 삶의 지경에 여기저기 널려 있다. 단지 행운에 눈이 멀어 행복을 행복으로 보지 못하는 게 문제이다. 행복을 행복으로 볼 수 있는 마음이 가난하고 청결한 마음이다.

행운은 조건이지만 행복은 조건이 없다. 행복은 내가 만드는 것이지 남에게 나의 행복이 달려 있다면 이미 그것은 행복이 아니다. 다른 사람이나 사회적 조건, 국가가 나를 행복하게 하지 못한다. 국가는 내가 만든 행복을 지켜줄 뿐 행복을 만들어 주지 못한다. 행복은 자신이 만드는 것이다. 만일 어떤 정치인이 국민을 향해 공약으로 "행복하게 해드리겠습니다"고 선동하면 이것이야말로 포퓰리즘의 극치다. 가정의 행복은 식구들이 만들고 학교의 행복은 학생들이 만들고 회사의 행복은 사원들이 만들고 국가의 행복은 국민 한 사람 한 사람이 만들어 간다. 국가는 국민의 행복을 책임지지 못한다. 국민이 국가를 행복하게 만들 책임과 의무가 있다. 행복한 국가는 국민이 만들어 가는 것이다. 진정한 행복은 한 개인이 freedom의 자유를 향유할 때 만들어진다.

기독교의 핵심 가치: 자유, 생명, 평등, 행복 추구권

예수님 오셔서 이 땅에서 이루고자 하신 목적이 무엇이었을까? 예수님의 오신 목적은 우리를 이 죄악 된 세상에서 구원하여 하나님의 나라 새 예루살렘으로 인도하시는 것이다. 이것이 구원의 복된 소식, 복음이다. 이 복음을 통해 이루어지는 핵심 가치가 바로 자유, 생명, 평등, 행복이다. 복음이 예루살렘을 떠나 로마에 정착되면서 정치 도구가 되었고, 종교개혁 이후 유럽에서 국교화되면서 사람들 머릿속에 머무는 관념화 되어 문화로 남게 되었다. 이에 정통과 순결을 기치로 신앙의 새로운 활력을 찾던 청교도들(Puritans)이 신앙의 자유를 찾아 미국으로 오면서 머리에 머물던 복음이 가슴으로 내려와 삶의 현장에서 신앙의 현실화 내지는 실재화 된 것이 청교도 신앙이다.

이들에게는 맑은 정신에서 나오는 예리함과 따뜻한 가슴에서 나오는 정열이 함께 있었다. 이들은 이상과 꿈을 삶에서 실천하는 현실주의자들이었고, 목표를 지향하는 방법론 자들이었다. 세속적 현실과 타협하지 아니하는 순수성으로 이들이 겪은 고난은 그들을 단련시키고 원숙하게 했으며, 훌륭한 성장을 이루게 하였다. 편안함과 호화스러움은 사람을 성숙하게 하지 못한다. 성숙은 고난과 역경을 통해서 주어진다. 청교도들은 그리스도의 교회의 순수성을 회복하려는 열정이 있었기에 어떠한 난관도 두려워하지 않는 강인한 기질의 사람들이 되어갔다. 청교도들은 영적 투쟁을 하나의 소명으로 삼았다. 그들은 자신을 주님을 따르는 순례자요, 군사로 정의했다. 그래서 그들은 투쟁 없이는 한발도 앞으로 나갈 수가 없었던 자들이다. 그들은 자기의 삶 전부를 하나님 나라를 위한 전쟁으로 간주했다. 그 전쟁에서 그리스도는 대장이시고, 그들의 무기는 기도와 눈물이었다. 그들의 깃발은 십자가이고 그들의 모토는 "고난당한 자가 정복한다"(Vincit qui patitur)였다. 이들이 삶을 요약하면 다음과 같다.

1) 성경에 있는 대로의 믿음을 가지며, 성경을 매일 읽으며 하나님의 말씀을 늘 묵상한다.

2) 청교도는 맑은 지성과 뜨거운 가슴으로 영원한 그 나라를 소망하며 지속적인 영적 각성과 경건한 삶으로 성경 속에 살아있는 성도들의 삶을 이어 나간다.

3) 성경적인 교리와 신앙과 생활이 일치되고 매일매일의 성스러운 삶이 하나님의 영광을 위해서 살아가는 성숙한 성도이다.

따라서 청교도는 현재를 충실하게 살면서 영원한 천국에서 살아가는 백성(outsider)이다. 다시 말해 신앙과 현실의 괴리가 없이 신앙생활이 현실인 사람들이다. 이들이 신앙의 자유를 찾아 신대륙으로 건너와 믿음을 현실의 삶에 적용시키면서 기독교의 복음의 핵심을 바탕으로 미국을 건국하였고, 미국의 독립선언문에 이 복음의 핵심 가치관을 개인에게서 지키기 위해 정부를 만든다고 명시하고 있다.

그러므로 미국의 자유 민주주의는 뿌리는 기독교다. 이 기독교의 핵심 가치인 '자유, 생명, 평등, 행복 추구'라는 자양분을 먹으며 민주주의라는 나무는 자라고 그 열매로 '사랑, 희락, 화평, 오래 참음, 자비, 온유, 충성, 양선, 절제와 같은 성령의 열매로 사람들의 삶에서 나타나는 것이다.

미국이 전 세계의 패권국으로 우뚝 선 이유가 있다. 그 기저에는 바로 청교도 정신이 면면히 흐르고 있기 때문이다. 이들은 무엇을 하든 하나님 앞에서 행한다는 "하나님 대면 의식"과 좋은 것은 혼자 향유하는 것이 아니라 다른 사람과 나눈다는 "복음의 정신"이 있었기에 물건을 하나 만들어도 최선을 다해 좋은 것을 만들고 복음을 전하듯 좋은 것을 다른 이에게 전하는 정신이 체질화되어 갔다. 이것이 미국에서 20세기 이후 자동차, 컴퓨터, 가전제품 등의 하드웨어 제품뿐 아니라, 21세기의 최첨단 IT기술들이 미국에서 나오는 힘이다. 또한 미국의 젊은이들은 좋은 것을 나누기 위해 믿음을 가지고 선교사로 전 세계를 향해 복음을 전하고 종교를 떠나 후진국에 평화 봉사단의 이름으로 헌신하는 모습을 삶의 패턴으로 삼고 있다.

미군은 하나님의 군대다.

미국은 자유 민주주의를 위한 전도사의 나라다. 건국의 정체성이 기독교적 바탕 위에 만들어진 자유 민주주의를 표방한 나라이기 때문에 창의와 자율 속에서 세계 제일의 패권국이 되었지만, 세계 어디에서도 개인에게서 자유, 생명, 평등, 행복 추구권을 억압하는 독재 국가, 전체주의 국가, 테러 지원국, 공산주의 국가를 허용하지 않는다. 어느 나라든지 이 개인의 자유권을 억압하는 나라가 있다면 주저치 않고 전쟁을 선포한다. 이들의 전쟁은 제국주의적으로 땅을 점령하여 식민지를 만들거나 자원을 착취하기 위한 전쟁이 아니다. 미국의 전쟁의 명분은 분명하다. 독재의 탄압으로부터 자유의 회복이다. 독재자를 제거하는 것이다.

미국의 군인들 가운데 2차 세계 대전 이후 전 세계의 독재자와 공산주의 국가와의 전쟁을 통해 희생된 숫자만 60만 명이 넘는다. 젊은 청춘들이 이름도 산도 모르는 낯선 땅에서 목숨을 걸고 싸우는 이유는 단 한 가지다. 민주주의의 자유를 회복시키기 위해서다. 2차 대전 미국의 사망자 수가 46만, 한국전에서 약 3만 6천, 월남전 희생자 수가 5만 8천, 이라크 전 3천 명, 아프카니스탄에서 2천 명 등 수많은 희생자를 감수하면서까지 이들이 추구하고자 하는 가치는 기독교를 뿌리로 하는 자유 민주주의다.

지금도 미국은 세계 도처에서 독재자와 테러분자들과 전쟁을 수행하고 있거나 공산주의 국가와 대처하기 위해 수만 명의 미군을 주둔시키고 있다. 그 이유는 자유 민주주의를 지키기 위해서다. 세계의 경찰국가라는 이름을 들어가면서 저들이 지키고자 하는 가치가 개인의 자유, 생명, 평등, 행복 추구권이라는 기독교 복음의 핵심이기에 미국은 하나님의 복음을 지키는 하나님의 군대다.

미국은 해마다 가장 신뢰받는 집단의 순위를 매긴다. 그 부동의 1위 자리가 군인이다. 미국은 전 세계인이 모여 만들어진 국가다. 혈연이 중심인 민족국가가 아님에도 어떻게 이런 애국심이 나오는 걸까? 그것은 대의명분이 분명하기 때문이다. 물론 미국의 군인들은 모병제로 직업 군인화 되어 있지만, 젊은이들의 군인에 대한 자부심은 결국 자유 민주주의를 지키는 최첨단의 자리에 있다는 자긍심에서 나온다.

군인 정신이 사라진 국민은 나라를 지키지 못한다. (상무정신)

이스라엘 백성이 출애굽 할 때 군대로 나왔다(창 12:51). 이들이 출애굽 후 2년여 만에 시내 광야에서 각 지파의 수대로 20세 이상 전쟁에 나가서 싸울 수 있는 남자의 숫자를 세었더니 66만여 명이었다. 이를 대략 결혼한 20세 이상으로 보고, 한 남자에게 달린 식구의 수를 3명으로 잡았을 때 출애굽 한 이스라엘 백성의 수가 약 180만에서 200만 명으로 추산한다. 이들이 광야로 나올 때는 오합지졸 질서 없이 진행했을 것이다. 이에 모세가 이런 백성을 이끌고 미디안 광야를 지날 때 그의 장인 이드로가 모세에게 천부장, 백부장, 오십부장, 십부장 제도를 가르쳐 백성을 다스리고, 광야 길로 나갈 때 언약궤를 중심으로 좌우 전후에 각 3지파별로 세우고 대열의 중심에 하나님의 성막이 자리하고 대열의 맨 앞에는 언약궤를 멘 제사장들이 앞장서게 하여 모든 백성이 하나님의 성막을 중심으로 서고 하나님의 말씀인 언약궤를 좇아 행진하게 하여 진정한 하나님의 군사의 대열로 전진하게 하였다. 이제 이스라엘은 오합지졸의 백성이 아니라 하나님의 군사가 된 것이다. 그리고 20세 이상 전쟁에 나가 싸울 수 있는 남자로 뽑혔다는 군사로서의 자부심이 충만하게 된 것이다. 전쟁에 나가 무기를 다룰 수 있다는 것만으로도 남자의 자긍심을 갖게 한다. 노예에게는 무기를 주지도 않고 전쟁에 나가게 하지도 않는다. 무기를 들고 전쟁터로 나가는 것 자체가 남성의 상징이다. 이런 자부심이 애국심을 만들고 전쟁에서 살아 승전가를 부를 때 모든 여성의 흠모의 대상이 되는 것이 모든 국가의 남성상이다.

동양에서도 한문의 나라 國자는 한 사람(口)이 자기가 선 땅(一)에서 무기(戈)를 들고 국경(口)을 지키고 있는 형상이다. 나라의 땅을 국민이 지키지 못하면 그 나라는 망한다. 국민 한 사람 한 사람이 상무정신을 가지고 나라를 지킬 때 나라의 평화는 지켜지는 것이다. 로마 시대의 로마를 PAX ROMANA라고 했다. 현재의 미국을 PAX AMERICANA라 한다. 이 단어도 세계의 패권국인 로마나 미국이 힘이 가장 세었을 때 세상의 평화가 깃든다는 말이다. PAX는 평화를 뜻하는 로마어이다. 한 국가의 평화는 군인 정신을 잃지 않고 국민이 나라를 굳건히 지킬 때 지켜질 수 있다. 힘이 없는 평화는 거짓 평화요 굴욕의 평화다. 이런 나라는 곧 다른 나라에게 망하고 만다는 것이 역사의 교훈이다.

역사가인 아놀드 토인비는 "역사는 타살되는 것이 아니라 자살하는 것이다."라고 했다. 어느 나라든지 강하게 자신을 지키지 못하면 스스로 자살하는 것과 같다. 다른 나라가 강해서 망한 것이 아니라 내가 약해서 망하는 것이기 때문이다.

대한민국 국민에게서 이런 상무정신이 소멸되었다면 진짜 나라의 위기다. 우리가 착각하는 것 하나가 민주화가 국민에게서 군인 정신을 없애는 것이라고 생각하는 것이다. 국민이 가져야 할 상무정신은 국가가 존재할 수 있는 선택 사항이 아니라 유일한 필수 조건이다.

07

하나님이 창조주일 수밖에 없는 이유

하나님이 주신 고귀한 선물
자유

07

하나님이 창조주일 수밖에 없는 이유

하나님의 시간(καιρός, kairos)**과 인간의 시간**(χρόνος, kronos)

하나님은 천년을 하루같이 하루를 천년같이 사시는 분이다(시 90:4; 벧후3:8). 이 말은 하나님은 곧 시간의 주인이라는 뜻이다. 시간을 마음대로 조절하실 수 있으신 분만이 참 신이시다. 하나님은 여호수아(수10:13)를 위해, 그리고 히스기야 왕(왕하 20:11)을 위해 시간을 조절하신 적이 있다. 그러기에 하나님은 창조주시다. 이 하나님의 시간을 영원한 현재의 시간이라고 한다. 이 세상의 시간과 공간을 초월한 영원한 시간 곧 우리가 하나님이 허락하신 육적 생명의 시간을 마치고 가야할 영원한 시간이다. 이것이 영생의 시간이다. 이 시간을 카이로스(καιρός, kairos) 시간이라고 한다.

이 하나님의 영원한 시간은 태초 후 창조 셋째 날까지만 운영되었다. 왜냐하면 하나님은 넷째 날 비로소 우리가 지금 사용하는 인간 역사의 수레바퀴인 세상의 시간을 만드셨다. 창조 넷째 날 해와 달과 별들을 만드셨기 때문에 이 지구가 해를 한 바퀴 돌 때마다 356일 1년이 흐르고, 지구가 해를 돌 때 자전을 하는데 이를 성경은 저녁이 되며 아침이 되는 하루(욤, יוֹם)로 표현하고 있다. 만약 저녁이 되고 아침이 되는 것이 하루라면 북극권에 있는 지방은 6개월은 밤인 백야이고 6개월이 낮인 상황을 설명할 수 없다. 그리고 인간은 하나님이 만드신 달의 변화에 맞춰 달력을 만들었고 해의 변화에 맞춰 양력을 만들어 사용하고 있다. 이 넷째 날부터 인간 세상에 나타나는 시간을 우리는 크로노스(χρόνος, kronos) 시간이라고 한다.

그러나 하나님의 시간인 카이로스 시간은 흐르는 시간이 아니다. 이 시간은 영원한 현재의 시간이다. 만약 하나님이 나이를 잡수신다면 하나님은 시간에 갇히신 분이기에 창조주가 아니다. 하나님은 시간을 초월해 계시는 분이기 때문에 그분은 영원한 현재에 계시는 하나님이시다. 그러기에 하나님은 천년을 하루같이 하루를 천년같이도 사시는 분이다.

지구를 만드시고 셋째 날까지의 시간은 우리의 시각으로는 측정할 수 없는 시간이다. 현재 우리가 측정하는 시간은 넷째 날 해와 달과 별들이 만들어 진 후의 시간이기에 지구의 나이를 측정하는 것은 의미가 없다. 최초 3일간의 시간은 하나님의 빛과 하나님의 시간으로 있었기에 우리 인식 속에 있는 기준과 다른 시간의 개념이다. 요한계시록에 의하면 마지막 때에 이 우주는 사라지고 믿는 자들은 다시 창조 넷째 날 이전의 시간과 빛으로 들어간다. 하나님의 시간의 개념을 좀 더 구체적으로 설명하면 다음과 같다.

"크로노스"(χρόνος, kronos)와 "카이로스"(καιρός, kairos)

헬라어에 시간을 나타내는 단어로 "크로노스"(χρόνος, kronos)와 "카이로스"(καιρός, kairos)가 존재한다. "크로노스"는 헬라인들의 시간 개념을 나타내는 단어로서, 시간의 경과나 과정을 나타내는 수평적인(horizontal) 혹은 직선적인(linear) 시간의 개념 즉 육적 생명의 시간 개념을 지닌 말이고, "카이로스"는 히브리인들의 시간 개념을 나타낼 때 쓰는 말로써, 어떤 사건이 일어나는 때나 기회(chance, moment, opportunity)를 나타내는 것으로 창조주 하나님과의 관계성 속에서 일어나는 사건을 나타내는 수직적(vertical)인 영적 생명의 의미를 지닌 단어이다. 따라서 성경에서 시간을 나타낼 때는 주로 "카이로스"란 단어가 사용된 것을 볼 수 있는 데, 이는 하나님이 구속사적인 영적 시간을 인간사에 불어넣는 시간이다. 예를 들어, 하나님이 인류를 구원하시기 위해 이 땅에 행하시는 모든 시간은 우리의 육을 위한 시간이 아니라 영적 세계로 인도하기 위한 시간이기에 하나님의 영원한 시간이 되는 것이다. 구약의 전도서 기자는 다음과 같이 "때"의 의미를 말하고 있다.

"천하에 범사가 기한(Kronos)이 있고 모든 목적이 이룰 때(Kairos)가 있나니, 날 때가 있고 죽을 때가 있으며 심을 때가 있고 심은 것을 뽑을 때가 있으며, 죽일 때가 있고 치료할 때가 있으며 헐 때가 있고 세울 때가 있으며, 울 때가 있고 웃을 때가 있으며 슬퍼할 때가 있고 춤출 때가 있으며, 돌을 던져 버릴 때가 있고 돌을 거둘 때가 있으며 안을 때가 있고 안는 일을 멀리 할 때가 있으며, 찾을 때가 있고 잃을 때가 있으며 지킬 때가 있고 버릴 때가 있으며 찢을 때가 있고 꿰맬 때가 있으며 잠잠할 때가 있고 말할 때가 있으며 사랑할 때가 있고 미워할 때가 있으며 전쟁할 때가 있고 평화할 때가 있느니라, 일하는 자가 그의 수고로 말미암아 무슨 이익이 있으랴 하나님이 인생들에게 노고를 주사 애쓰게 하신 것을 내가 보았노라, 하나님이 모든 것을 지으시되 때(Kairos)를 따라 아름답게 하셨고 또 사람들에게는 영원을 사모하는 마음을 주셨느니라, 그러나 하나님이 하시는 일의 시종을 사람으로 측량할 수 없게 하셨도다."(전 3:1-11)

전도서 기자는 이 세상에 일어나는 모든 현상들과 인간사들은 우연히 일어나고 사라지는 것들이 크로노스(kronos) 시간인 것 같지만 적당한 기회 즉 때(kairos)를 통하여 하나님이 개입하시는 카이로스(kairos) 시간이 있기에 그 일들의 배후에는 우리 인간이 알 수 없고 미칠 수 없는 신비 즉 우주 만물을 창조하시고 섭리하시는 "영원자"(the Eternal) 곧 하나님의 섭리의 신비가 배후에 개재되어 있음으로 인생들은 시간을 아끼고 깨어 있어야 함을 암시하고 있다. 그리고 인생은 노고와 수고를 벗어나 살 수 없기 때문에 모든 사람은 "수고하고 무거운 짐 진 자들아 다 내게로 오라 내가 너희를 쉬게 하리라."(마 11:28)는 예수님의 초대에 응해야 한다.

한편, 신약 성경에 보면, "때"(kairos)의 의미에 대해서, 즉 우리 인간사에 일어나는 기회(사건)들 하나하나에 특별한 의미들이 부여되어 있음을 알 수 있다. 예를 들어, 마가복음 1장14-15절, "요한이 잡인 후 예수께서 갈릴리에 오셔서 하나님의 복음을 전파하여 이르시되 때가 찼고 하나님의 나라가 가까이 왔으니 회개하고 복음을 믿으라 하시더라"란 말씀에서, 때가 찼고의 "때"는 바로 "카이로스"의 의미를 잘 드러내고 있다.

여기서의 때란 세례 요한이 예수님의 길을 예비하러 왔지만 그가 잡혀 감옥에 투옥됨으로 이제 예수님께서 직접 그 길을 닦으며 가셔야 하는 전 인류를 향한 복음의 선포의 시기 즉 하나님의 구원 역사를 결정적으로 전개할 중요한 "시점"(기회)이란 뜻을 나타내고 있다.

또한 예는 요한복음 2장에서 예수님의 모친 마리아가 예수께 혼인 잔치 집에 포도주가 떨어졌음을 알렸을 때, 예수님이 내 "때"는 아직 오지 아니하였다고 말씀한 경우에도, "카이로스"란 말로 표현되고 있는데, 여기서의 "때"도 하나님의 뜻을 실행하고 성취시키는 결정적인 시기 혹은 기회의 의미를 나타내고 있다.

또한 예수님이 수가성의 여인에게 하신 말씀 "아버지께 참되게 예배하는 자들은 영과 진리로 예배할 때가 오나니 곧 이 때라(요 4:23)란 말씀도 같은 의미의 중요한 시점을 나타내는 말씀이다. 무엇보다도 중요한 말씀은 종말론적 의미를 나타내는 "때" 혹은 "시간"에 관한 말씀이다. 여기에서도 "카이로스"란 말이 사용되고 있다.

"내가 진실로 진실로 너희에게 이르노니 내 말을 듣고 또 나 보내신 이를 믿는 자는 영생을 얻었고 심판에 이르지 아니하나니 사망에서 생명으로 옮겼느니라 진실로 진실로 너희에게 이르노니 죽은 자들이 하나님의 음성을 들을 "때"가 오나니 곧 이 "때"라 듣는 자는 살아나리라."(요 5:24-25) 여기서 "하나님의 음성을 들을 때"가 바로 카이로스의 시간이다.

공관복음에는 나오지 않지만 요한복음에는 예수님이 이스라엘을 넘어 전 인류를 위한 메시아가 되심을 증명하는 대목이 나오는데, 유월절에 헬라인들이 예수님을 찾아온 대목이다. 예수님이 이때를 기점으로 메시아적 십자가의 행보를 시작하시는 카이로스의 시간을 알리고 있다.

"명절에 예배하러 올라온 사람 중에 헬라인 몇이 있는데 저희가 갈릴리 벳새다 사람 빌립에게 가서 청하여 가로되 선생이여 우리가 예수를 뵈옵고자 하나이다 하니 빌립이 안드레에게 가서 말하고 안드레와 빌립이 예수께 가서 여쭈니 예수께서 대답하여 가라사대 인자의 영광을 얻을 "때"가 왔도다."(요 12:20-23)

"카이로스"와 "영원한 현재"(Eternal Now)

여기에 우리가 주의해야 할 점이 하나 있다. 예수님이 의미하는 때란 헬라인들의 시간 관념인 "크로노스" 곧 수평적인 의미의 시간이 아니라, "카이로스" 곧 수직적인 의미의 시간 즉 영원자이신 하나님과의 관계에서의 시간으로서, 이것은 초월적 시간과 초월적 공간에서의 시간, 다시 말하면 3차원적 시간이 아니라 4차원적 시간, "영적 의미"의 시간이라는 것이다. 그런 점에서 이 카이로스적인 시간은 영원과 시간이 만나는 기회로서의 시간 곧 "영원한 현재"(eternal now or time in eternity)를 나타내는 시간이다. 왜냐하면 영원자이신 하나님 앞에서는 모든 시간은 과거 현재 미래의 구분이 사라지게 되고 언제나 현재만이 존재하기 때문이다. 따라서 하나님과의 관계에서는 모든 시간은 언제나 현재 곧 "지금"이며, 그런 고로 그것은 곧 "영원한 현재"라고 칭할 수 있다.

그러므로 하나님의 마음까지 다 아시는 성령과 함께 하는 사람은 이 땅에서 흐르는 크로노스(kronos)의 째깍거리는 소리를 들으며 살지만 영원한 하나님의 시간을 영유하는 사람이다. 해와 달과 지구 천체의 우주 운영의 시간이 우리를 시간의 틀 속에 가두었지만 우리는 지금도 하나님의 시간인 영적 시간을 향유하고 있기에 죽음도 두려워하지 않는다. 믿는 자에게 죽음은 곧 영생을 의미하는 것이기 때문이다. 따라서 믿음의 사람들은 오늘 하루의 삶이 어떻게 하나님의 영원한 시간에 크로노스(Kronos)의 시간을 얽어매며 살 것인지를 헤아리며 살아야 한다. 마치 옷감의 천을 짜기 위해 씨줄과 날줄이 서로 교차되며 천을 만들어 아름다운 옷감의 무늬를 만들어 내는 것처럼 말이다.

모든 사람은 죽을 수밖에 없는 존재 곧 "에노스"(Enos)로서 크로노스(kronos)의 시간을 지난 후 영원한 카이로스(kairos)의 시간 앞에 서게 되는데 영원한 천국, 영생으로 갈지 그렇지 않으면 영원한 영벌, 지옥으로 갈지가 결정된다는 사실을 잊지 말아야 한다.

"아들을 믿는 자는 영생이 있고 아들에게 순종하지 아니하는 자는 영생을 보지 못하고 도리어 하나님의 진노가 그 위에 머물러 있느니라."(요 3:36)

하나님의 이름은 없다.

언젠가 꽤나 인지도가 높으신 원로 목사님께서 설교 중에 하나님의 이름이 왜 없는지 알 수 없어 궁금해 자신이 속한 교단의 신학교 학장님에게 물어보니 그도 모른다고 대답해 답답하다고 하신 말씀이 생각나 한 동안 어안이 멍멍해 진 적이 있다. 과연 하나님의 이름이 없는가? 있다면 그 이름은 무엇인가?

하나님의 이름은 구약 초기에는 엘(El)로 나타나는데 한국어 성경에는 "하나님"으로 표현된다. 그러다가 모세가 호렙 산에서 하나님을 만나 그의 이름을 여쭤본 후로 하나님의 이름을 "여호와"로 부르게 되면서 그 이름이 하도 경외스러운 이름이라 감히 여호와의 이름을 함부로 부를 수 없어 여호와 대신 히브리어의 "나의 주"란 단어인 "아도나이"(אֲדֹנָי)로 대치하여 부르게 되었다. 이스라엘 제사장들은 성경을 복사할 때 "여호와"라는 단어가 나오면 붓을 새로 씻고 새 잉크를 찍어 썼다는 말이 있을 정도로 하나님의 이름인 "여호와"는 거룩하고 거룩한 단어이다.

그럼 이제 성경에서 하나님을 칭하는 이름에 대하여 알아보자.

유대인의 전승에 의하면 창세기는 모세에 의해 기록된 책으로서 창세기를 포함한 모세 오경(토라 תורה)을 그가 기록했다고 믿는다. 모세의 사역 초기에는 백성들을 인도하기 위해 불철주야 바쁜 관계로 창세기를 기록할 시간적 여유가 없었으므로 아마도 모세의 후기 사역 가운데 작성했을 것으로 추정하는데 기록 연대는 약 기원전 1440년경으로 보고 있다. 창세기를 기록할 때 이미 "여호와"라는 하나님의 이름을 사용한 것으로 봐서 창세기는 출애굽기 이후 기록되었다고 볼 수 있다. "여호와"라는 하나님의 이름은 모세가 호렙 산에서 하나님의 소명을 받을 때 받은 이름이기 때문이다.

결론부터 말하면 "하나님의 이름은 없다."이다. 왜냐하면 하나님이 이름이 있다면 그는 창조주가 아니기 때문이다. 이름이 존재한다는 말은 누군가에 의해 낳아졌거나 창조되었음을 의미한다. 우리의 부모님이 나를 낳으셨기에 내게 이름을 붙여 주셨다. 또는 무엇인가를 처음 발견한 사람이 그것에 이름을 붙이는 것처럼 하나님의 이름이 존재한다면 하나님은 피조물이다. 그러므로 하나님의 이름이 없으신 것은 당연하다, 하나님의 이름이 존재하는 순간 아이러니하게도 창조주로서의 존재감을 잃고 만다. 단지 출애굽 전 자신의 종 모세에게 자신을 나타내기 위해 당신의 이름이 아닌 자신의 존재함을 알려준 것뿐이다. 초기에 하나님을 만난 사람들이 하나님을 다른 사람에게 표현하기 위해 중동 지방 특히 가나안, 본래 셈족이 사용하던 보통 명사인 "엘(el)"로부터 최고신 '엘'을 고유명사화 하여 사용하였다. 일반 명사 소문자 el로 표현하면 그저 저들이 사용하는 일반 신(god)을 나타낼 뿐이다. 서기 전 14-10세기의 가나안 사람들의 종교를 이해하는 데 결정적인 도움을 주는 우가리트 문헌에 의하면 그들의 최고신 엘은 지고의 신으로 나타나는 데 다른 민족에 비해 유일신만을 섬기는 히브리인들은 유일신을 나타내기 위해 하나님을 the El로 표현한 것을 한국어 성경으로 번역할 때 하늘 높이 계시는 분이라는 뜻의 하늘님이 하느님으로 번역하였고 유일신을 강조하기 위해 현재 개신교에서는 한 분 뿐인 "하나님"으로 부르고 있는 것이다.

엘은 히브리인들이 하나님을 의미하는 용어이기에 히브리어에 '엘'이 붙어 있는 단어는 하나님과 관계되어 있는 단어이다. 예를 들어, "벧엘(하나님의 집), 이스라엘(하나님과 겨뤄서 이겼다), 임마누엘(하나님이 함께 하신다), 엘로힘(강력한 하나님), 사무엘(하나님이 들으셨다), 엘리야(나의 하나님은 여호와이시다)" 등에서 하나님과 연관성을 나타내고 있다.

아브라함 이후 히브리인들은 자신의 신의 이름을 유일신 하나님(엘)으로 표현하였는데 모세가 하나님의 부르심을 받고 호렙 산에 올라 그의 소명을 받을 때 모세가 하나님께 물었다.

"하나님이 이르시되 내가 반드시 너와 함께 있으리라 네가 그 백성을 애굽에서 인도하여 낸 후에 너희가 이 산에서 하나님을 섬기리니 이것이 내가 너를 보낸 증거니라. 모세가 하나님께 아뢰되 내가 이스라엘 자손에게 가서 이르기를 너희의 조상의 하나님이 나를 너희에게 보내셨다 하면 그들이 내게 묻기를 그의 이름이 무엇이냐 하리니 내가 무엇이라고 그들에게 말하리이까. 하나님이 모세에게 이르시되 나는 스스로 있는 자이니라 또 이르시되 너는 이스라엘 자손에게 이같이 이르기를 스스로 있는 자가 나를 너희에게 보내셨다 하라. 하나님이 또 모세에게 이르시되 너는 이스라엘 자손에게 이같이 이르기를 너희 조상의 하나님 여호와 곧 아브라함의 하나님, 이삭의 하나님, 야곱의 하나님께서 나를 너희에게 보내셨다 하라 이는 나의 영원한 이름이요 대대로 기억할 나의 칭호니라."(출 3:12-15)

모세는 하나님께 단도직입적으로 물었다. 바로 왕이나 이스라엘 백성들이 누가 너를 보냈냐고 물으면 당신의 이름을 뭐라고 할까요? 하나님은 이 물음에 당황하셨을 것이다. 왜냐하면 하나님은 이름이 없기 때문이다. 뭐라고 대답해야 할까? 그러나 하나님은 망설임 없이 "나는 스스로 있는 자"라고 말씀하신다. 이처럼 명쾌한 대답이 있을까? 과연 하나님의 어리석음은 인간의 지혜보다 더 지혜롭다. "나는 스스로 있는 자"란 말씀은 "나는 나다(I am who I am)"이다. 이 말을 히브리어로 옮긴 말이 "야훼"다. 이 대답은 자신의 이름을 말씀하신 것이 아니라 자신의 존재 즉 자신의 속성을 말씀하신 것이다.

이후 야훼, 또는 야웨(히브리어: יהוה, 영어: Yahweh)는 유대교의 유일신 하나님의 고유한 이름이 되었다. 야훼는 자음 표기만 있던 고

대 본문에서, 하나님의 이름을 알파벳으로 쓰면 'YHWH'가 되지만, 과거 유대인들이 일 년에 딱 한 번, 대제사장만이 지성소에 들어가서 발음할 수 있었던 그 발음이라 완전하게 알 수는 없다.

이렇게 자연스럽게 만들어진 이름이 또 있다. 바로 이스라엘 민족이 광야에서 처음 접한 "만나(히브리어: מָן)"라는 이름이다. 새벽에 광야에 나간 사람들이 "깟씨 같고도 희고 맛은 꿀 섞은 과자" 같은 것을 보고 '이게 뭐지?', 만나 곧 만후(이게 뭐야?)라고 서로 물어본 것에서 유래한 이름이고, 처음 오스트레일리아 대륙에 도착한 사람들이 다른 대륙에서 보지 못한 유대류의 일종인 캥거루를 보고 원주민에게 이름이 뭐냐고 묻자 원주민들이 모른다고 한 말에서 "캥거루"가 나온 것과 같이 우연히 사람들에 의해 만들어진 것과 같은 유래이다. 이와 같이 하나님의 존재를 인간이 이해할 수 있는 이름으로 부른 것이 하나님의 이름이 되었다. 왜냐하면 하나님은 이름이 없으신 창조주이시기 때문이다.

이후 바벨론 포로기에 유대인들은 통일된 발음의 성경이 필요하게 되었고, 맛소라 본문을 편찬하며 모음을 기입하였다. 그러나 '주님의 이름을 망령되이 부르지 말라.'라는 계명을 지키기 위해 "YHWH"에 대응되는 모음 대신 주님을 의미하는 아도나이에 해당하는 모음을 첨가하게 된다. 이 두 단어의 자음과 모음이 결합된 단어 "여호와"라는 하나님의 이름을 부를 수 있게 되었다. 따라서 모음을 추가한 맛소라 본문을 읽는 사람은 하나님의 이름이 적힌 곳을 '아도나이'(주님)로 읽을 수 있었다. 상당수의 현대 성경 편집

자들도 이 전통을 따라 하나님의 이름이 적힌 많은 부분을 굵은 글씨체로 'the LORD, 주님'라 대체하여 쓰거나 읽고 있다. 그리고 한국의 개신교는 대체로 이를 맛소라 본문에 적힌 대로 여호와(영어: Jehovah)로 발음하여 쓰고 있다. 이 이름이 독일어로 번역되면서 'J'발음이 묵음임으로 현재는 영어 발음으로는 "저호바" 독일어 발음으로는 "여호와"로 하나님의 이름을 부르고 있다. 한국에서는 여호와라는 발음으로 사용하고 있다.

구약에서 하나님의 이름을 여호와로 불렀지만 신약에 오면서 하나님을 믿는 사람들의 영적 신분이 바뀌게 된다. 신약의 시작은 예수 그리스도의 초림으로부터 시작된다. 예수를 중심으로 역사의 구분을 B.C.(Before Christ) 서기전과 서기후 A.D.(Anno Domini 로마어, 영어 After Christ)로 나누는데 예수님은 하나님의 아들의 신분으로 오셔서 하나님을 아버지로 부르셨다. 예수님의 제자들을 비롯한 그 누구도 하나님을 눈으로 볼 수 있게 보여 주실 것을 요구했지만 하나님의 이름을 물어 본 사람이 없었다. 당연히 하나님의 이름을 여호와로 알고 있었기 때문이다. 예수님은 하나님을 아버지라고 부르셨고 더 다정하게 아바 아버지라고 부르셨다.(막 14:36)

사도 바울은 성도들의 영적 신분을 로마서에서 다음과 같이 표현한다.

"집마다 지은 이가 있으니 만물을 지으신 이는 하나님이시라. 또한 모세는 장래에 말할 것을 증거하기 위하여 하나님의 온 집에서 사환으로 충성하였고 그리스도는 그의 집 맡은 아들로 충성하였으니 우리가 소망의 담대함과 자랑을 끝까지 견고히 잡으면 그의 집이라."(롬 3:4-6)

그러므로 예수님 이후의 성도들은 영적 신분이 하늘나라의 사환에서 하나님의 아들로 수직 상승하였다.

"너희는 다시는 무서워하는 종의 영을 받지 아니하였고 양자의 영을 받았으므로 아바 아버지라 부르짖느니라."(롬 8:15)

양자의 영을 받은 사람은 이제 하나님을 아바 아버지로 부를 수 있게 되었다. 아버지를 부를 때 굳이 이름을 부를 이유가 없다. 그저 아바 아버지라고 부르면 된다. 아버지라고만 불러도 하나님은 우리의 음성을 알아듣고 "내 아들아! 내가 너를 낳았도다."고 대답해 주신다. 하나님의 이름은 없다. 그저 아버지다.

여호와 신앙의 정신

하나님은 자신의 존재를 "나는 나다", "나는 스스로 있는 자"라고 모세에게 말씀하셨다. 이것은 하나님의 이름이 아니라 하나님의 존재를 일러주신 것이다. 이것을 모세가 하나님의 이름으로 백성들에게 알려주었다. 이 말을 다른 말로 하면 하나님은 "자존자"(스스로 존재하는 자)라는 뜻이다. 하나님은 그 무엇에도 얽매이지 않고 시간과 공간마저도 초월하시는 전 우주 만물의 주재이시며 당신은 스스로 존재하지만 모든 생명의 근원되시는, 곧 자존하시는 분이다. 하나님이 세상의 모든 생명들에게 자신을 나타낼 수 있는 유일한 방법이 "나는 나다"이다. 그것 밖에는 당신의 존재를 나타낼 수 있는 방법이 없다. 왜냐하면 창조주는 이름이 없기 때문에 인간에게 자신을 표현할 다른 방법이 없기 때문이다.

예수님은 요한복음에서 유대인들과의 논쟁에서 "내 말을 지키면 죽음을 영원히 보지 아니하리라."(요 8:51)고 말씀하시자 유대인들이 자신들의 조상 아브라함도 선지자도 죽었는데 어떻게 네 말을 지키면 영원히 죽지 않는다고 하느냐고 따지고 든다. 이에 예수님이 말씀하신다.

"예수께서 가라사대 진실로 진실로 너희에게 이르노니 아브라함이 나기 전부터 내가 있느니라."(요 8:58) 여기서 나오는 "내가 있느니라"가 바로 헬라어로 "에고 에이미"(ἐγώ εἰμι, 나는 나다)이다. 이 말은 곧 예수님 자신이 하나님이라는 말과 같다. 이에 유대인들이 돌을 들어 치려하자 예수님께서 숨어 성전에서 나가셨다. 예수님께서도 "나는 나다"(야훼)로 당신의 존재를 알리셨다. 예수님만이 유대인을 향해 '내가 야훼다"(나는 나다)라고 말할 수 있다. 결국 유대인들이 예수님을 이 대목으로 죽이려고 작정하지만 예수님은 자신을 하나님의 아들 곧 야훼로 밖에 표현할 수밖에 없다. 이것이 진실이기 때문이다.

예수님은 시편 82:6절을 인용하시면서 "성경은 폐하지 못하나니 하나님의 말씀을 받은 사람들을 신이라 하셨거든"(요 10:35). 하나님의 보냄을 받은 자가 하나님의 아들이라 하는 것을 너희가 어찌 참담하다 하느냐고 되물으신다. 물론 시편은 모세를 염두에 두고 한 말이지만 현재 우리 믿는 사람들의 영적 신분은 모세보다 더 귀한 하나님의 아들의 신분이다.(히 3:5-6)

이렇듯 하나님의 말씀을 제대로 깨달은 사람은 하나님의 아들의 신분뿐만 아니라 신으로 대우해주신다고 말씀하신다. 그렇다면 과연 신다운 면모로 신분상승한 사람으로 변해가고 있는가?

우리의 신분은 예수님으로 말미암아 종의 신분에서 하나님의 아들의 신분으로 바뀐 것이다. 그러나 아직도 모세를 추종하는 유대인들은 야훼 하나님의 종의 신분에서 벗어나지 못했다. 이제 우리는 하나님의 이름으로 세상 앞에 당당해야 한다. 하나님이 "나는 나다"라고 말씀하시는 것처럼 "나는 하나님의 아들, 크리스천이다."라고 담대히 외칠 수 있어야 한다. 어디에서든 어느 순간이든 세상을 향해 당당하게 "나는 나다"라고 자신의 존재감을 말할 수 있는 크리스천이 되어야 한다.

영어에 "Life is a bike riding."라는 말이 있다. "인생은 페달을 밟아야 달릴 수 있는 자전거 타기다."라는 말이다. 자전거는 계속해서 페달을 밟아야 달릴 수 있다. 그러나 그 누구도 그 페달을 대신 밟아줄 수 없다. 내가 탄 자전거의 페달은 나만 밟을 수 있다. 그렇다. 인생의 페달은 내가 밟아야 한다. 당당히 내 두 발로 힘껏 밟을 때 자전거는 신나게 달릴 수 있다. 누군가에게 의존하면 페달을 밟을 수 없고 자전거는 뒤뚱거리다 서게 된다.

우리는 하나님 앞에 단독자로 서야 한다. 세상의 그 무엇에도 의존하지 않을 때 세상을 향해 당당해 질 수 있다. 하나님 앞에 단독으로 섰을 때 한 개인이 사회에 대하여 의존하지 않고 자기 개인의 독립과 자립에 가치를 둘 수 있고 사회를 향하여 자유와 자기실현을 이룰 수 있다. 하나님 앞에 단독으로 선 개인이야말로 진리를 존중하고 자신의 인권이 중요한 것만큼 다른 사람의 인권도 존중하게 된다. 그리고 각성된 개인은 나는 자살하는 사람인가 타살되는 사람인가를 아는 사람이다. 자신의 문제를 사회나 국가를 탓하지 않고 자기 스스로 자신의 삶의 터전에 서서 투쟁하는 삶을 산다. 이런 개인은 사회나 군중 속에 숨은 위선의 개인이 아니라 자신이 누군지 각성한 개인이 모인 진실의 한 개인으로 시민이 되며 국민이 되는 것이다.

그러므로 촛불을 들고 자신을 감춘 군중의 야유가 아닌 자유와 진실의 깃발인 태극기를 들고 이승만 광장에 모여 외치는 함성이야 말로 진실을 추구하는 독립된 개인들의 몸부림이라고 할 수 있다. 영국의 보수주의의 아버지라 불리는 에드문드 버커(Edmund Burke)는 이렇게 말했다. "The only thing necessary of triumph of evil is the good man to do nothing."(악의 승리는 선의 침묵이다) 현재 대한민국의 좌파 돌풍 상황은 결국 악의 승리는 선의 침묵이었음을 깨달아야 한다. 이제 선이 행동해야 한다. 야훼의 이름 앞에 "나는 하나님의 아들, 크리스천, 독립된 자유인이다."라고 가슴을

펴고 크게 외치자. 진리를 향한 자유를 위해!

한마디 귀한 비유를 잊지 말자. "계란은 안에서 내가 깨고 나오면 병아리로 생명을 얻지만 남이 깨면 한 입의 계란 후라이로 남는다."

하나님의 말씀이 최초로 히브리어로 쓰여진 이유

그렇다면 왜 하나님은 히브리어로 성경을 쓰게 하셨는가? 성경은 아브라함의 후손을 "히브리인"으로 부르고 있는데 '히브리인'이란 단어의 의미는 "유프라테스 강을 건너온 사람들"이란 뜻을 가지고 있다. 아브라함이 최초에 떠난 지방은 현재의 이라크의 '텔 무가이어(석수장이의 언덕)'라는 곳이다. 이곳은 B.C. 2166년경에 아브라함이 태어난 곳으로, 현재 이라크의 바벨론 유적으로부터 약 224km 남쪽에, 그리고 페르시아 만에서 북서쪽으로는 약 240km 떨어진 곳에 위치하고 있다.

성경에서는 우르 지방을 '갈대아 우르'(אוּר כַּשְׂדִּים)라고 부르고 있는데, 여기에서 '갈대아'(아카드어는 kaldu; 히브리어는 '카스딤, Kasdim')는 남부 메소포타미아의 유프라테스 강과 티그리스 강 주변의 늪지대나 호수 지역에 거주하였던 유목민(갈대아인)들을 지칭하며, 그들은 아람족에 속하는 한 분파이었으나 이들에서 분리되어 유프라테스 강을 건넘으로 아브라함의 후손들을 히브리(Hebrew)인이라고 부르게 된 것이다. 이 아브라함의 직접 후손인 이스라엘 사람들이 사용한 언어가 히브리어인데 왜 하나님은 더 발달된 언어인 아람어로 성경을 기록하게 하지 않고 히브리어로 기록했는가에 대한 의문이 남게 된다.

앞으로 더 많은 연구가 되어야 하겠지만 고대 유대인들은 모음 없이 자음만으로 글을 썼고, 타나크(모세 오경)의 내용을 거의 암기하여 그것을 구전으로 후세에 전해주었다. 그러므로 초기 히브리어는 모음이 없는 자음으로만 이루어진 언어이다. 여기에 바벨론 포로기 때에 맛소라 학자들이 히브리어에 모음을 첨가하게 되었는데 모세가 오경을 기록할 당시에는 히브리어에는 모음이 없었으므로 자음으로만 기록되었을 것이다.

여기에는 깊은 하나님의 의도가 숨겨져 있다. 모든 언어의 의미 전달은 자음보다는 모음으로 그 뜻이 전달된다. 그런데 모음이 발달된 언어는 시대에 따라 그 의미가 쉽게 변하게 된다. 예를 들어, 한국어는 다른 언어에 비해 모음이 발달한 언어이다. 대부분의 언어들은 자음이 모음에 비해 많은 것이 특징이다. 그러나 한국어 표준으로 보면 자음이 14개 여기에 경음까지 붙어 19개에 모음 10개 여기에 복합 모음까지 치면 21개가 된다. 이렇게 모음이 복잡해지다 보니 모음에 따라 단어의 뜻이 쉽게 달라지게 된다. 오죽하면 서로의 의견이 달라 다툴 때 "아, 어가 다르다"는 말이 있을 정도다. 그러므로 한국어는 모음에 따라 의미가 변하기 때문에 고대어와 현대어를 비교하면 차이가 크다.

이에 비해 영어 계통의 언어는 모음이 보통 5개 "a, e, i, o, u,(y)" 정도로 모음에 따라 그 의미의 변화는 경미하다. 예를 들어,

"stop"은 미국에서는 '스탑'으로 발음하지만 영국에서는 '스톱'으로 발음한다. 모음이 변했지만 그 의미는 변화가 없다. 단어의 의미가 모음에 의해서가 아니라 자음에 따라 달라졌기 때문이다. 그렇다면 자음으로만 이루어진 고대 히브리어는 모음이 없음으로 모세 오경이 구전으로 전해질 때 발음에 따라 글자가 바뀌지 않고 자음이 정확하게 전달될 수 있었을 것이다.

모세가 전수받은 하나님의 말씀이 수천 년을 지나도 그 의미가 변화지 않은 이유가 바로 여기에 있다. 이것이 하나님의 의도가 아닌가 생각한다. 하나님은 창세 이후 현재까지 당신의 뜻을 담은 성경의 의미가 변질되지 않길 원하신다. 예수님이 다시 오시는 그날까지 하나님의 말씀의 뜻은 변하지 않고 모든 인류에게 그대로 전해지도록 해야 한다. 그런 의미에서 한국어 성경을 쉬운 현대어로 자꾸 바꾸어 사용하다 보면 자칫 순수한 하나님의 뜻이 변질될 우려가 있음으로 조심해야 한다.

우리가 잘 아는 기원전 4세기경에 사해를 중심으로 살았던 쿰란 공동체에 의해 기록된 사해 사본은 성경 전수의 역사에서 독특한 위치를 차지하는데 사해 사본은 현재 구약 성경의 가장 오래된 사본으로서, 1946년에 발견된 사본보다 거의 천 년 가까이 오래되었다고 한다. 그런데도 성경에 기록된 하나님의 의도와 계획이 수천 년을 그대로 전수될 수 있었던 이유가 바로 하나님께서 모세를 통해 당신의 말씀을 자음으로 이루어진 히브리어로 기록하게 하셨다는데 그 큰 의미가 있다고 할 수 있다.

08

하나님의 섭리

하나님이 주신 고귀한 선물
자유

08

하나님의 섭리

성경에 나타나는 아랍 민족의 시작

중동의 역사는 아브라함의 두 아들 이스마엘과 이삭으로부터 연유한다고 해도 과언이 아니다. 현재 북부 아프리카를 대표하는 이집트인들은 이미 기원전 3300년 전부터 존재했었고 이란은 성경에 바사로 나타나는 페르시아인으로 인도로부터 유입된 아리안 족이며 이들이 서쪽으로 이동하면서 로마 제국을 괴롭혔던 게르만 족과 같은 혈통이다. 이란이라는 나라 이름도 아리아인이라는 어원으로부터 시작된 이름이다.

중동 지방을 이루고 있는 아랍인은 주로 서남아시아와 북아프리카의 아랍 국가에 거주하는 셈족 계통의 사람을 가리킨다. 이들은 아랍어를 모어(母語)로 사용하며, 인구의 90% 이상이 무슬림이고, 5~6%는 기독교 신자(이집트 9%, 시리아 10%, 레바논 41%, 팔레스

타인 6% 등)였으나 무슬림의 핍박으로 그 세력은 점차 줄어들고 있다. 본래 아랍인은 성경에서 말하는 이스마엘과 그두라의 후손으로(대상1:32) 아라비아 반도 일대에 거주하는 사람들을 가리키는 말이었으나, 7세기에 무함마드(A.D. 570년 출생)에 의해서 이슬람교가 열리고 정통 칼리파 아랍 무슬림 세력이 중동 전역을 지배한 이후 이 지역에서 이슬람교를 받아들인 이집트와 이란을 포함하여 아랍어를 쓰는 사람을 두루 가리키는 말로 확장되었다.

즉, "아랍인"이란 개념은 인종(혈통)적인 성격보다는 셈어(아랍어)를 모어(母語)로 공유하는 무슬림(이슬람교를 믿는 사람들) 사람들의 집단이라는 개념이 강하다. 6세기까지 아랍인은 아라비아 반도 일대의 주민에 한정되었지만, 이슬람교의 전파로 이집트인, 메소포타미아인(이라크인), 이란인(페르시아인), 시리아인, 팔레스타인인 등 중동 지역의 많은 주민들이 언어와 종교적으로 동화되면서 아랍인이 되었다. 아랍인들은 한때 이베리아 반도의 스페인의 안달루시아까지 진출했으며, 중세 시대에는 중국과 더불어 세계 최고의 문명을 발전시켰고 인도의 무굴 제국을 건설하여 타지마할이라는 세계적 유물을 건축하기도 하였다.

20세기 초에는 터키의 오스만 제국과 유럽 열강의 식민 지배에 대한 저항 운동 중에서 범아랍주의가 발흥하였고, 아랍어를 사용하는 무슬림들 사이에 '아랍인'이라는 민족의식이 강화되었다. 7세기 이전의 아랍 지역은 아라비아 반도 지역을 가리켰으나, 이슬람 문화권이 확장되면서 중동과 그 인근의 이슬람 문화권을 통틀어 가리키는 말로 바뀌었다. 또한 아랍 지역은 역사적인 세력으로 볼 때 아랍 제국을 뜻하기도 했고, 오늘날에는 아랍 연맹을 뜻하기도 한다.

성경에는 아브라함의 첩 하갈에게서 낳은 이스마엘에 의해 12 종족과 사라가 죽은 후 얻은 그두라에 의해 낳은 자손들에 의해 아랍 민족이 형성되었음을 알려준다.

"사라의 여종 애굽인 하갈이 아브라함에게 낳은 아들 이스마엘의 족보는 이러하고, 이스마엘의 아들들의 이름은 그 이름과 그 세대대로 이와 같으니라. 이스마엘의 장자는 느바욧이요, 그 다음은 게달과 앗브엘과 밉삼과 미스마와 두마와 맛사와 하닷과 데마와 여둘과 나비스와 게드마니, 이들은 이스마엘의 아들들이요 그 촌과 부락대로 된 이름이며 그 족속대로는 열두 지도자들이었더라. 이스마엘은 향년이 백삼십칠 세에 기운이 다하여 죽어 자기 백성에게로 돌아갔고, 그 자손들은 하윌라에서부터 앗수르로 통하는 애굽 앞 술까지 이르러 그 모든 형제의 맞은편에 거주하였더라."(창 25:12-18)

"아브라함이 후처를 취하였으니 그 이름은 그두라라 그가 시므란과 욕산과 므단과 미디안과 이스박과 수아를 낳았고 욕산은 스바와 드단을 낳았으며 드단의 자손은 앗수르 족속과 르두시 족속과 르움이 족속이며 미디안의 아들들은 에바와 에벨과 하녹과 아비

다와 엘다아니 다 그두라의 자손이었더라."(창 25:1-4)

이슬람교가 탄생하기 전 이스마엘의 후손과 그두라의 후손들은 주로 진(Jin)이라고 불리우는 영들을(에니미즘) 믿는 다신교 사회였으나 마호메트(Muhammad)에 의해 창시된 이슬람교의 출현 후 아랍 사회 전체가 알라라는 단일신을 정점으로 아랍 이슬람 세계를 이루어 간다.

그런데 성경은 이스마엘의 출생에 관한 기사에서 하갈이 사래의 학대를 피해 광야로 도망하였을 때 하나님의 천사가 나타나 하갈이 낳을 아이의 이름을 "여호와께서 네 고통을 들으셨다"는 의미의 "이스마엘"이라고 지으라고 하시며 아브람에게로 돌려보낸다. 그리고 이스마엘의 출산을 허락하셨지만 이삭이 태어난 후에 사래를 통해 그를 다시 내어 쫓으라고 하신 이유가 무엇인지 궁금해진다. 이는 믿음의 후손들에게 하나님의 구속사의 섭리를 깨닫게 하기 위한 것이 분명하다. '이스마엘은 원래 낳아서는 안 되는 아들'이라는 사실을 알아야 하나님의 약속의 구속사를 이해하게 된다. '이스마엘은 택함을 받지 못한 불순종의 아들'이라는 것이다. 이삭이 태어난 이후 다시 내쫓아낸 이유는 하나님의 약속의 상속자인 이삭과 비교시키기 위해서였던 것이다.

이스마엘 출산이 인간적 충동으로 이루어진 일로 환영받을 일은 결코 아니지만 하나님의 일하시는 구속의 역사를 통하여 믿음이 무엇인지를 알게 해주시는 사건임에 틀림없다. 훗날 신약의 성도들에게 믿음의 본을 가르쳐 주시는 시청각 자료를 미리 준비해 두신 것이다. 신약에서 믿음을 설명할 때 믿음의 후손 이삭과 불순종의 후손 이스마엘을 비교하면서 하나님의 약속의 중차대함을 일깨워주는 것이다.

"또한 아브라함의 씨가 다 그 자녀가 아니라 오직 이삭으로부터 난 자라야 네 씨라 칭하리라 하셨으니, 곧 육신의 자녀가 하나님의 자녀가 아니라 오직 약속의 자녀가 씨로 여기심을 받느니라."(롬 9:7-8)

"형제들아 너희는 이삭과 같이 약속의 자녀라. 그러나 그 때에 육체를 따라 난 자가 성령을 따라 난 자를 핍박한 것 같이 이제도 그러하도다. 그러나 성경이 무엇을 말하느뇨? 계집종과 그 아들을 내어 쫓으라. 계집종의 아들이 자유하는 여자의 아들로 더불어 유업을 얻지 못하리라 하였느니라. 그런즉 형제들아 우리는 계집종의 자녀가 아니요 자유하는 여자의 자녀니라."(갈 4:28-31)

그런데 여기서 우리는 다음과 같은 중대한 대목에 시선을 집중해야 한다.

"그가 사람 중에 들나귀 같이 되리니 그 손이 모든 사람을 치겠고 모든 사람의 손이 그를 칠지며 그가 모든 형제의 동방에서 살리

라."(창 16:12)

하나님은 하갈의 처지를 불쌍히 여기시면서도 앞으로 벌어질 이스마엘 후손의 운명을 예정하고 있는 것이다. 이스마엘과 그두라의 후손을 중심으로 하는 아랍 민족에게서 일어나는 이슬람교를 통해 아랍 민족의 형제들이 모든 사람을 치며 모든 사람이 그를 치게 된다는 운명을 예언하는 대목이다. 하나님은 인간의 실수를 통해서도 하나님의 구속사의 섭리를 이루시는 분이시다.

이슬람교

이슬람교는 지금으로부터 1400여 년 전 아라비아 반도에서 마호메트(무하마드, 570-632)라는 자칭 선지자에 의해 시작되었다. 그는 신으로부터 메시지를 받았다고 주장하며 다신교를 믿는 주변의 사람들에게 단일신인 알라(Allah = 관사 Al + 신 ilah)만을 믿어야 한다고 요구하면서 시작되었다. 당시의 사람들은 메카의 카바를 중심으로 우상의 모형을 만들어 팔고 순례자들을 상대로 관광 수입을 올리던 사람들이었는데 이들에 의해 마호메트는 배척을 받는다. 초기에는 이렇게 배척을 받으며 시작한 이슬람교가 현재는 아프리카 서쪽에서부터 시작하여 인도네시아, 중국의 위구르(신장)에까지 이르는 세계에서 가장 '종교성이 강한 충성스런 신도'를 거느린 세계 3대 종교가 되었다.

알라(Allah)라는 신은 마호메트를 통해 회교도들에게 그들의 경전인 코란(아랍어로 꾸란)을 주었다. 이슬람을 중국에서 회회교(回回敎)라 부르고 우리나라에서는 회교라 부르기도 한다. 이슬람교의 핵심은 '예언자', '신의 사랑을 받는 자', '창조의 기쁨'으로 불리는 마호메트다. 회교도들은 마호메트를 숭배하지만 그의 이름으로는 기도하지 않는다. 한 인간을 신과 동격시하는 것을 이슬람교에서는 가장 큰 죄로 여기기 때문이다. 이로 인해 이슬람교에서는 기독교의 예수님을 하나님의 아들, 신 즉 삼위일체 하나님이라는 사실을 인정하지 않고 수많은 예언자들 중 한 명으로 여긴다. 이로부터 이슬람교의 탄생은 기독교와의 갈등을 내포하고 있는 숙명이 되고 만다.

이슬람교도 기독교와 마찬가지로 유대교의 구약에 그 뿌리를 두고 있는데 잡다한 신들을 섬기며 다양한 민족과 종교로 갈라져 있던 아라비아 인들의 정신세계를 유일신 '알라'로 통합한 것이 이슬람교이다. 이슬람교는 처음에는 유대교의 유일신 사상을 받아들여 유대교와 좋은 관계를 유지했으나 유대인들의 선민사상에 등을 돌렸고 기독교와는 삼위일체 교리를 인정하지 않음으로 기독교와도 등을 돌림으로 "문명 충돌" 곧 유대교, 기독교와의 갈등과 충돌을 피할 수 없는 숙명의 길을 걷게 된 것이다.

이슬람교의 창시자 마호메트는 570년 아라비아 반도의 부유한 도시 메카에서 태어났다. 그의 아버지 압둘라는 그가 태어나기 전에 죽었고 어머니 아미나도 그가 6살 되던 해 죽고 만다. 고아가 된 그는 할아버지 손에서 자랐지만 2년 뒤 할아버지마저도 세상을 뜨자 삼촌인 아부 탈리브에 의해 자라 장사를 배워 상인이 되었다. 당시 부유한 미망인 카디쟈(Khadijah)의 상점에 취직하여 일하던 중 15살 위의 카디자의 청혼으로 결혼을 하여 6명의 자녀를 낳았지만 모두 어려서 죽자 훗날 그의 후계 문제로 큰 갈등의 불씨로 남게 된다. 마호메트는 카디쟈를 포함하여 10명의 아내와 2명의 첩을 거느렸으나 끝내 아들을 보지 못했다. 돈 많은 아내 카디쟈 덕에 일을 하지 않아도 되자 종교 문제에 전념하여 40세 되던 해 천사 가브리엘로부터 계시를 받는다.

천사로부터 알라의 사자로 택함을 받아 온 세상에 알라의 말씀을 전하라는 명령에 "이슬람"(복종하겠나이다!)이라고 답함으로 이슬람교가 된 것이다. 매일 밤 신으로부터 계시를 받아 명령을 받아 적은 것이 그들의 경전 "코란"이 되었다.

마호메트가 태어난 메카는 상업의 중심지이면서 종교적으로도 중요한 곳이다. 메카에는 이들이 주장하듯 아브라함이 이스마엘과 함께 세웠다는 카바(Kaaba)가 있다. 카바는 다신교 사회로서 그 당시 모든 신들을 모셔 놓은 신들의 아파트 같은 곳이었다. 이러한 상황에서 갑자기 나타난 마호메트가 우상 숭배를 버리고 유일신 알라만 믿으라고 요구하자 이 카바가 있는 덕에 순례자들이 몰려와 상업적으로 엄청난 이익을 보던 메카의 상인들이 마호메트에게 반감을 가지게 되었다. 이에 생명의 위협을 느낀 마호메트는 622년 추종자들을 거느리고 야트립(Yathrib)이란 곳으로 도망치는 신세가 되고 만다.

마호메트가 메카을 탈출하여 야트립으로 도주하던 해를 이슬람교가 최초로 세계로 뻗어나가기 시작한 계기로 삼아 이를 "헤지라"라고 명하고 이 해(A.D. 622)를 이슬람 달력의 원년으로 삼는다. 2020년이 이슬람력으로는 1398년이 된다. 야트립은 훗날 "예언자의 도시"라 칭하고 메디나로 불리게 된다.

메카에서 쫓겨나 메디나로 도망한 마호메트가 계속해서 유일신 알라만을 주장하자 메카에 있던 권력자들이 이단자 마호메트를 죽이기 위해 메디나로 쳐들어오게 되는데 군사도 없이 공격을 받아 크게 패하자 군대의 필요성을 절감하여 이때부터 마호메트는 군사를 양성하고 군사들에게 술 마시는 것을 엄격하게 금지시켜 이슬람 사회에서는 오늘날도 술 마시는 것이 절대 금지되어 있다. 문제는 여기 있지 않고 메디나를 공격한 메카 군대를 유대교와 기독교도들이 후원하였는데 이를 계기로 이슬람교는 유대교와 기독교와 적대 관계로 영원히 돌아올 수 없는 강을 건너게 된다.

이때부터 이들을 적으로 간주하여 유대교는 토요일을 기독교는 일요일을 안식일로 하자 이슬람교는 금요일을 안식일로 정하였고 저들이 나팔을 불어 기도 시간을 알리자 이들은 높은 탑 위에서 큰 목소리로 기도 시간을 알리는데 "알라는 위대하다"고 외친다.

630년 마호메트는 힘을 축적하여 군대를 이끌고 메카를 정복하고 이슬람 세계를 첫 통일하는데 성공한다. 이렇듯이 이슬람교는 설립 초기부터 전쟁과 복수로, 시작부터 칼부림 역사로 시작되었다. 이때부터 카바를 중심으로 메카는 일약 이슬람의 성지가 되어 오늘날도 라마단 때가 되면 전 세계에 있는 무슬림들이 메카를 성지 순례하게 된 것이다.

이슬람교의 내부 갈등

메카를 정복하였지만 2년 뒤 632년에 마호메트는 질환으로 세상을 떠나는데 문제는 후계자인 아들이 없이 세상을 뜨고 만 것이다. 그가 죽자 후계자 이슬람교의 지도자인 칼리프 선출 문제에 봉착하고 만다. 아들이 없이 죽은 마호메트의 후계자로 가장 유력한 친구 3명과 사위가 물망에 오른다.

첫 번째로 마호메트의 절친한 친구이자 마호메트가 신으로부터 받은 계시를 정리하여 그들의 경전인 "코란"을 만든 아부 베르크가 선거로 1대 칼리프가 된다. 그러나 지도자가 된 아부 베르크가 2년 후 죽자 마호메트의 친구이자 서열이 가장 높은 우마르가 2대 칼리프에 오르지만 등극하자마자 그도 죽고 만다. 그러자 마호메트의 친구이자 서열 2위였던 오트만이 3대 칼리프에 오르게 되는데 마호메트의 사촌이면서 마호메트와 카디쟈 사이에서 난 딸 파티마의 남편인 알리가 혈통적으로 친척임에도 자신들을 무시하고 마호메트 친구들이 계속 칼리프에 오르자 앙심을 품고 있던 차에 3대 칼리프인 오트만이 암살되는 사건이 터지고 만다.

이 사건으로 인해 알리가 의심을 받게 된다. 그 결과 661년 3대 칼리프였던 오트만 가문의 옴미아드 출신의 무아위야가 알리를 살해하고 옴미아드 왕조를 세워 왕과 칼리프를 겸하는 마호메트의 후계자임을 선언한다. 후계자에 오른 무아위야는 마호메트의 언행을 기록한 "수나"를 만들어 성전을 만드는데 이를 '하디스'라 한다. 이슬람교에서는 두 개의 경전이 있는데 하나는 마호메트가 알라로부터 받은 계시를 받아 적은 "코란"과 무아위야가 마호메트의 행적과 어록을 담아 만든 "수나"이다. 수나는 이슬람교도들의 생활의 길잡이가 되는 중요한 경전이 된다. 이 두 경전은 이슬람교의 중요한 두 기둥이다. 이 두 경전 중 무아위야가 만든 수나를 존중하는 이슬람 교도들을 "수니파"라 하는데 전체 무슬림의 90%가 수니파이다. 수니파의 종주국은 현재 사우디아라비아이다.

반면에 마호메트의 사촌이자 사위였던 알리를 정통 칼리프이며 진정한 마호메트의 후계자로 섬기는 이슬람 교도들을 "시아파"라 하며 이들은 엄격하고 극단적인 면이 강한 이슬람교도로서 이란을 종주국으로 하고 있다. 현재 중동 지방에서 일어나고 있는 모든 분쟁은 수니파와 시아파의 싸움이다. 그 속을 깊이 들여다보면 마호메트와의 혈통에 따라 후계자를 정하자는 알리를 중심으로 한 순혈 혈통파와 처음부터 이슬람교를 창시할 때부터 함께 한 친구들을 중심으로 하는 1,2,3대 칼리프의 대를 잇자는 친구파와의 갈등이 주원인이 되어 서로가 정통임을 내세워 1400여 년 동안 이슬람교도간의 분쟁과 투쟁으로 이어지고 있다.

알리를 죽이고 칼리프가 된 무아위야가 세운 옴미아드 왕조는 깃발의 색을 백색으로 하여 수니파의 상징으로 삼았다. 그런데 749년 이란 동북쪽 호라산 지방에 검은 깃발을 휘날리면서 스스로 마호메트의 자손이며 알리의 후계자를 자칭한 아불 아바스가 수니파에 반기를 들고 일어난다. 아불 아바스의 군대는 흰색의 반대 흑색 깃발을 걸고 흑색군단이 되어 단숨에 다마스커스를 정복하고 750년 옴미아드 왕조를 무너트린 후 아바스 왕조를 건설하였다. 아바스 왕조를 세운 아불 아바스는 옴미아드의 핏줄을 모조리 죽여 후환을 없애려 했으나 옴미아드 왕가의 왕자인 압둘 라만이 그때까지 옴미아드 왕가의 영향권에 있던 스페인 지방으로 피신하여 후기 옴미아드 왕조를 세운다. 이것이 이베리아 반도에 있는 스페인이 이슬람화 되는 계기가 되고 만다. 압둘 라만은 아불 아바스의 칼리프에 대항하는 의미로 스스로 "에미르"라 칭하고 서부 이슬람 세계의 지도자가 된다. 이에 동쪽에는 마호메트의 후계자를 칼리프라 칭하고 서쪽에서는 에미르라고 불리게 되었다.

이슬람교의 해외 정복

A.D. 313년 로마의 콘스탄티누스 황제(Constantinus, 306-337)가 기독교를 국교로 삼고 로마 제국을 재건하기 위해 로마의 수도를 330년 비잔티움으로 옮기면서 오히려 로마의 분열은 시작되었다. 그는 내부적으로 분열을 막고, 외부적으로 유럽으로 진출해 오려는 페르시아와 이슬람의 세력을 막을 수 있는 요충지로 판단하여 수도를 옮겼지만 종교적인 정통성까지는 옮겨가지 못했다. 오히려 종교적인 정통성은 서로마에 있었고, 자신의 이름을 딴 콘스탄티노폴리스로 이름을 변경하였지만 오히려 정치색이 짙은 정치 중

심이 되었다. 이후 로마 교회와 비잔티움 황제들 간에 서로 종교와 정치적인 입장을 달리하면서 분열은 더욱 가속화 되었다.

이후 테오도시우스 1세(Theodosius, 379-395) 때는 넓혀진 땅을 혼자서 통치할 수 없다고 판단하여 로마 제국을 동서로 분할하여 자신의 두 아들에게 맡겼다. 그것은 곧 동서 로마가 분리되는 결정적인 요인이 되었다. 무엇보다 서로마 제국은 동로마에 비해 허약한 경제와 내전으로 인해 피폐해진 군대로 동로마보다 넓은 국경을 방위해야만 하는 약점을 극복하지 못하고 일찍이 패망의 길을 걷게 되었다. 테오도시우스 1세는 동서 로마 제국을 함께 통치한 마지막 황제로, 395년 그가 죽은 후 동서 로마 제국은 완전히 분열되어 다시 통일되지 못했다. 분할 통치는 분열로 이어지고 말았다.

476년 서로마 제국은 마지막 황제, 로물루스 아우구스투스(Romulus Augustus, 475-476) 때에 테오도시우스 1세가 그의 아들에게 동서 로마 제국을 분리 통치하게 한 지 겨우 81년 만에 게르만의 용병 대장 오도아케르에 의해 멸망되고 만다.

독일의 법학자 예링((Rudolf von Jhering, 1818-1892)은 그의 저서 "로마법의 정신" 첫머리에서 로마가 천년이란 긴 세월동안 세계를 지배한 사실에 대하여 이같이 기록하고 있다. "로마는 세 번 세계를 통일하였다. 첫 번째는 무력에 의하여 국가를 통일하였고, 두 번째는 그리스도교로써 교회를 통일하였고, 세 번째는 로마법으로 세계를 통일하였다." 비록 로마 제국은 망해갔지만 예링의 평가처럼 로마 제국은 서유럽을 탄생시키는 모태 역할과 서유럽이 기독교화 되는데 든든한 울타리 역할을 하였고 이방 종교, 특히 이슬람교가 유입되는 울타리 역할을 하였다.

그러나 서로마 제국이 479년 무너지고도 근 천년을 버텨온 동로마 제국도 바로 1453년 5월 29일, 오스만 제국이 비잔티움 제국의 수도, 콘스탄티노플을 침공하였다. 오스만 투르크의 제7대 술탄 메흐메트 2세(1432-1481)는 콘스탄티노플을 점령한 후 이스탄불이라 명명했다. 비잔티움 제국은 395년 테오도시우스 황제가 사망하고 동서 로마가 분할된 이후부터 1453년까지 천년이 넘는 기간 동안 약 90여 명의 황제와 125명에 이르는 대주교가 지배한 제국이었다.

천여 년 동안 비잔티움 제국은 두 번의 큰 위기가 있었다. 그것은 훈족과 게르만족의 침입과, 기독교의 진리를 훼손하는 이단과 싸움이었다. 특히 이단으로부터 기독교를 보호하기 위해 니케아 공회의(325), 칼케돈 공회의(451)를 통해서 그리스도교의 기본적인 교리를 확립시켰다. 무엇보다 콘스탄티누스 황제가 수도를 천도한 것에서 볼 수 있었듯이 콘스탄티노플은 군사적으로 서유럽의 방파제 역할을 감당해 왔다. 즉 비잔티움 제국의 멸망은 서유럽 입장에서 볼 때에 방파제가 무너진 것과 다름없었다. 또한 비잔티움 제국은 수백 년 동안 그리스의 철학과 문화, 로마의 법과 문명, 그리고 기독교의 전통을 다듬고 보존해서 유럽에 전해 주었다.

그럼에도 불구하고 유럽은 제4차 십자군 원정(1202-1204)을 결성하여 콘스탄티노플을 점령하여 약탈과 패륜을 저질렀다. 참으로 역사의 아이러니가 아닐 수 없다. 이후 유럽은 한 동안 동로마 제국으로부터 불신과 갈등, 이슬람 세력의 침입에 시달려야 했다. 동로마 제국의 멸망 요인은 어찌 보면 기독교 유럽 내부 세력과 둑이 무너진 틈을 타고 밀어 닥친 이슬람 세력에 의해 무너졌다고 해도 과언이 아니다.

로마 제국의 동서 분열과 기독교의 교리 논란은 외부 세력의 견제를 약화시켰고 이를 틈타 이슬람 세력은 전 중동 지역을 평정하고 북아프리카를 시작으로 확장 일로를 걷게 된다.

7세기 무함마드가 이슬람 공동체를 건설한 뒤, 신흥 종교 세력인 이슬람은 '우마이야 왕'의 지휘 아래 빠르게 성장했다. 이들은 아라비아 반도를 제패한 뒤 중동 전역과 북아프리카를 거쳐 8세기 유럽 서쪽 끝 이베리아 반도까지 진출했다.

이베리아 반도는 현재의 스페인과 포르투갈이 있는 곳이다. 우마이야 가문 출신의 기병 대장 아브드 알라흐만은 756년 스페인 남부 안달루시아의 중심 도시 코르도바를 점령하고 후기 우마이야 왕조를 세워 알라흐만 1세로 즉위한다. 이를 아라비아 반도의 우마이야 왕조와 구분하기 위해 '후기 우마이야 왕조'라고 부른다.

후기 우마이야 왕조는 서기 1000년쯤 최전성기를 구가했다. 이베리아 반도 대부분을 차지하고 프랑스 바로 아래 피레네 산맥까지 세력을 펼쳐나간다. 코르도바 메스키타(스페인어로 이슬람 사원이란 뜻)를 중심으로 알람브라(Alhambra) 궁전을 비롯한 화려한 이슬람 유적도 이 때 세워졌다.

기독교의 반격(Reconquista)

이처럼 문화적으로 번영을 누리며 오랜 세월 이베리아 반도를 지배한 이슬람이었지만 시간이 지나면서 점차 기독교 세력의 공격을 받아 쇠락해 간다. 북쪽 변방으로 밀려났던 스페인 제후들이 힘을 합쳐, 이베리아 반도에서 이슬람 국가를 몰아내고 다시 가톨릭 국가를 세우기 위해 로마 교황청의 도움을 받아 전쟁을 벌인다.

711년 우마이야 왕조에 속한 베르베르족과 아랍인들로 이루어진 무어인 군대가 이베리아 반도의 대부분을 차지하였다. 후기 우마이야 왕조는 내부 분열로 1031년 멸망하고 수많은 이슬람 제후의 공국으로 분열되기에 이르렀지만 각자 독자적인 타이파 국가를 유지하고 있었다. 아랍 세계에서는 무슬림 지배하의 이베리아 반도를 알안달루스(Al Andalus)라 불렀다. 한편, 이베리아 반도 북단에는 레온 왕국, 카스티야 왕국, 아라곤 왕국과 같은 기독교 왕국들이 자리잡고 이슬람 세력과 대치하고 있었고 이들은 무슬림 타이파를 상대로 지속적으로 전쟁을 벌여 영토를 늘려나갔다.

1492년 마지막 이슬람 타이파 국가였던 그라나다 왕국이 함락되기까지 약 750년간 느리지만 지속적으로 진행된 기독교 국가의 영토 확장을 레콘키스타(Reconquista)라고 한다. 스페인의 역사에서 1492년은 여러 가지로 중요한 의미를 갖는데, 그라나다 왕국이 함락되어 레콘키스타가 끝난 해이면서 카스티야 왕국과 아라곤 왕국이 연합하여 이사벨 1세 여왕의 스페인 왕국이 세워진 해이기도 하고 콜럼버스가 아메리카로 첫 항해를 한 해이기도 하다.

당시 무슬림과의 전쟁에 관심을 기울였던 이사벨은 전장을 누비는 남편을 위해 군자금과 물자 조달 등에 국력을 쏟아 부었고 그 위업 덕분에 1496년 교황 알렉산데르 6세로부터 칭송받은 두 사람은 가톨릭 공동왕(Los Reyes Católicos)이라는 칭호를 하사받게 된다. 이후 이사벨은 '가톨릭교도 이사벨'(Isabel la Católica)이라는 별명으로 불리게 된다. 이에 한층 가톨릭 신앙으로 고무된 이사벨은 로마 교황청의 도움을 얻어 인도를 전도하기 위한 명목을 앞세워 콜럼버스(Columbus)의 신대륙 진출을 돕기 위해 재정적인 지원을 아끼지 않았다. 그 덕에 스페인에 해외 식민지 개척 시대가 도래하였으며, 이사벨과 페르난도의 치세하의 스페인 황금 시대가 시작되었다.

국토 수복 전쟁을 완결한 스페인은 그 여세를 몰아 해외 식민지 건설을 꾀하고 있었으나 당시 아시아로 통하는 육로는 이슬람 세력에 의해 막혀 있었고 아프리카 해안을 통한 인도양 항로 역시 이미 포르투갈에 의해 선점당한 상태였다. 이런 상황에서 이루어진 신대륙 발견은 스페인이 제국으로 발돋움하는 도약대 역할을 한다. 콜럼버스는 그 뒤로도 3차례에 걸쳐 대규모 선단을 이끌고 대서양을 건너가 중국과 일본의 황금을 찾아 헤맸으나 끝내 실패하고 만다. 고독하고 불우한 말년을 보낸 콜럼버스는 1506년 운명하는 순간까지도 자신이 '발견'한 대륙이 아시아 땅이라고 믿었고, 그곳에 살고 있던 원주민들을 인도 사람이라 믿고 인디언이라고 불러 현재도 아메리카 대륙에 살고 있는 원주민들을 인디언이라고 부른다. 이 때문에 신대륙의 이름으로 명명되는 영광마저도 이탈리아의 아메리코 베스푸치오(Amerigo Vespuccio, 1454-1512)에게 빼앗기고 만다.

결론

이스마엘로부터 시작된 아랍의 역사의 시작은 이슬람교의 문을 열었고 성경의 예언대로 이슬람 세력의 내부 분열과 다툼이 북아프리카를 거쳐 기독교의 영역인 이베리아 반도의 스페인에 이르게 되고 이슬람 세력은 스페인에서 약 800년 동안 코르도바를 중심으로 하는 아라베스크의 화려한 문명을 만들어 내지만 결국은 이슬람교는 이사벨 여왕의 기독교 세력에 굴복하여 유럽에서 밀려나게 되는 운명을 맞는다. 이에 한층 기독교 신앙으로 고무된 이사벨 여왕의 전도 의지 열풍은 콜럼버스를 통한 신대륙을 발견하게 되고 그 지리상의 새로운 발견은 신대륙에 기독교의 청교도들이 세운 미국이 건국되는 발판이 되고 복음의 촛대가 유럽에서 미국을 통해 한국에 기독교가 전해지는 역사의 흐름은 하나님의 섭리가 이뤄낸 예수 그리스도의 역사 곧 His Story (History)가 되었다.